Mosén Millián

By RAMÓN SENDER

Edited by ROBERT M. DUNCAN
The University of New Mexico

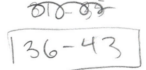

D0145158

WADSWORTH
CENGAGE Learning

Australia • Brazil • Japan • Korea • Mexico • Singapore • Spain • United Kingdom • United States

WADSWORTH
CENGAGE Learning

Mosén Millán
Ramón Sender

Editor: Robert
M. Duncan

For product information and technology assistance, contact us at
Cengage Learning Academic Resource Center, 1-800-423-0563

For permission to use material from this text or product, submit all requests online at
www.cengage.com/permissions
Further permissions questions can be emailed to
permissionrequest@cengage.com

Library of Congress Control Number: 64–10014

ISBN-13: 978-0-669-32631-4

ISBN-10: 0-669-32631-3

Wadsworth
20 Channel Center Street
Boston, MA 02210
USA

Cengage Learning products are represented in Canada by Nelson Education, Ltd.

For your course and learning solutions, visit
www.cengage.com

Printed in the United States of America
28 29 30 31 32 33
13 12 11 10 09

PREFACIO DEL AUTOR

El hombre es el mismo en todas partes si nos atenemos a [1] los registros sutiles de la sensibilidad moral y a la esencialidad humana, es decir a la razón de la presencia del individuo en la familia, de la familia en la sociedad, y de la sociedad en la nación y aún de todos ellos en la perspectiva aleccionadora del tiempo.

Pero unas veces el hombre domina las circunstancias, y otras es dominado y arrastrado por ellas. Esto último sucedió a los españoles en 1936.

Por razones fáciles de comprender *Mosén Millán* está más cerca de mi corazón que otros libros míos. Se trata [2] en esta narración de la España campesina, de Aragón que es mi tierra natal, y de una coyuntura histórica inolvidable.

Este pequeño libro ha sido hasta ahora impreso en diferentes países e idiomas y el profesor Robert Duncan ha querido hacer con él un texto para el uso en los colegios y universidades, lo que es honroso y halagüeño para el autor ya que los *classrooms* son lugares discretos y atentos donde se lee y vuelve a leer cada página desentrañando no sólo los valores lingüísticos y filológicos sino también el sentido moral, el social e histórico y desde luego [3] el « mensaje » más o menos críptico si lo hay, y las cualidades artísticas que el

---

[1] **nos atenemos a:** nos referimos a.   [2] **Se trata de:** Es cuestión de.
[3] **desde luego:** por cierto.

libro tiene o el lector le atribuye según su sistema de percepciones.

El libro ha gustado, y lo atribuyo a diversos motivos que no tienen necesariamente relación con su mérito intrínseco. Los españoles reconocen fácilmente en los personajes de la narración otros que ellos conocieron y trataron. Mosén Millán es el cura de aldea y es un sacerdote ejemplar. Si hay algo en la narración que parece contradecir su virtud, es en realidad la contradicción que aparece a menudo cuando se confunden deliberadamente la virtud con la autoridad y ésta con el poder político. Es decir que lo que sucede en el libro no puede menos de suceder en cualquier tiempo y lugar donde la iglesia y el estado comparten la autoridad oficial y la responsabilidad.

Las demás figuras como los ricos del pueblo, las mujerucas del carasol, la familia de Paco, y Paco mismo representan no la vida moral sino la vida nada más, y sus virtudes son cualidades humanas y no religiosas. Cuando las unas y las otras no coinciden en la vida ordinaria es probable que algo marcha[1] mal en el orden social. Era lo que sucedía y sigue sucediendo por desgracia en España hoy aunque es seguro que no sucederá siempre.

Si los estudiantes americanos leen el libro con atención no sólo conocerán la vida rural española en sus aspectos más típicos sino que podrán decir que conocen también una de las causas fundamentales del problema nacional español desde la remota Edad Media.

La base de la vida española, no sólo en lo económico

[1] marcha: va.

sino en lo moral y estético está en sus campesinos. Así como en otros países llamar a alguien « campesino » es casi una ofensa, en España es un elogio. Se supone que el campesino es más directo, sencillo, agudo y noble que el nacido en la ciudad y crecido en ella.

Me gusta la idea de que los estudiantes, al familiarizarse con estos caracteres de *Mosén Millán* y con la atmósfera histórica en la que se desenvuelven, van a extender un poco más el radio de su capacidad de entendimiento y de amor.

El libro acaba trágicamente, pero todos los hombres desde el momento en que hemos nacido tenemos que aceptar la tragedia como una de las dimensiones de lo real. Dios libre a los lectores de la necesidad de afrontarla como los españoles tuvimos que afrontarla entre 1936 y 1939.

Ramón J. Sender

INTRODUCCIÓN

El autor de este libro, Ramón Sender, no necesita ser presentado a los estudiantes de español de los Estados Unidos. Su *Crónica del Alba* es familiar a muchos de ellos. En cierto modo *Mosén Millán* puede ser considerado como una secuencia de *Crónica del Alba* porque nos ofrece otro aspecto de la vida rural española en el cual la proyección adulta y sangrienta de la guerra no impide que las páginas referentes a la infancia y la adolescencia del protagonista tengan también caracteres idílicos.

Con lo idílico inefable y lo terrible *Mosén Millán* es un libro casi clásico en su serenidad y en su cuidado de las proporciones. Hay una calma de espíritu y una falta de pasión partidaria que es más notable si tenemos en cuenta[1] que Ramón Sender fue un combatiente republicano y se encuentra todavía fuera de España como exiliado político. Aunque el final de la novela es violento y de un sangriento patetismo se diría que el hecho de que sus principales acontecimientos sucedan entre 1931 y 1938 es sólo una coincidencia. La narración trata menos de la guerra civil que de la naturaleza de los campesinos españoles en la cual percibimos rasgos de permanente universalidad. El desenlace es el que impone la fatalidad de la guerra civil.

Lo mismo se podría decir en relación con el aspecto

[1] **tenemos en cuenta**: recordamos.

religioso o eclesiástico. Aunque la figura central, Mosén Millán, es un sacerdote católico, es más bien el hombre lo que vemos en él y no la iglesia. El carácter anticlerical de gran parte de la literatura española desde Galdós a *Clarín* y a Baroja no se encuentra en la novela de Sender. El sacerdote, integrado en su medio religioso, es hombre antes que nada. Como Paco integrado en su atmósfera campesina, pero calificado antes por su hombría que por su profesión. Es esa circunstancia la que hace que el viejo sacerdote y el niño campesino y el adolescente se entiendan tan bien, y que el lector encuentre ese entendimiento tan natural.

Ni siquiera la « traición » de Mosén Millán puede ser interpretada como un reproche del autor. El viejo sacerdote ama a Paco que desde la infancia fue su mejor amigo. Trata de salvarlo a última hora y aunque pone los medios a su alcance la ironía del destino hace que esos medios se conviertan precisamente en instrumento fatal de destrucción contra Paco. El sacerdote es una víctima también que está viviendo su inquieta vejez lleno de remordimientos. No remordimientos de sacerdote sino de hombre. Al final parece que hay una resonancia sarcástica en las palabras del virtuoso anciano cuando dice: « Yo lo bauticé, y le di los últimos sacramentos. Al menos vivió y murió dentro de la iglesia. » Pero no se trata de sarcasmo sino de que era ironía del destino y de la historia que tantas veces aparece implícita en los actos de los hombres, cuando la realidad sale del dominio de su voluntad.

En resúmen, y por decirlo brevemente ya que el lector va a conocer la novela por sí mismo, *Mosén Mi-*

llán es como la vida de Paco, una estampa [1] de la vida campesina española—con dobles tonos de folklore y matices de regionalismo aragonés—idílica en la paz y patética en la guerra. Lo idílico campesino lo hemos visto también en otros libros de Sender como *El Lugar de un Hombre*. Lo patético en muchas páginas anteriores. Nuestro tiempo ha situado a España en una encrucijada de violencias; Sender salva siempre un fondo de serenidad convivial y de paz. Ningún lector dejará de observar este deseo de entendimiento y de buena voluntad civil.

* * * * *

Pertenece Ramón Sender a la tradición literaria española si nos detenemos a observar su obra y su vida. Ante todo es un autor prolífico, pero no en un sólo género como suele suceder, sino hábil en muchos. La variedad de su obra y su familiaridad con los distintos géneros son resultado de sus experiencias personales y de su prodigiosa capacidad de lectura y asimilación. Cultiva el ensayo, la crítica, el drama, el cuento, la novela corta, la biografía, la novela, la poesía. Se puede tener una idea de la vastedad de su radio intelectual por los siguientes títulos sacados al azar entre varios centenares de ensayos publicados en los últimos años: « Frieda y el recuerdo de Lawrence », « Stendhal en los Estados Unidos », « Schweitzer o la reverencia por la vida », « El último libro de Albert Einstein », « Un raro análisis del *Ulises* de Joyce », « Cocteau en su verde vejez », « La dificultad del Maquiavelismo », « Lucrecia Borgia y los poetas », « Aquel pintor Domenico Theotocópulos » . . . etc.

[1] **estampa**: cuadro.

Como crítico se ha preocupado Sender últimamente de la generación de 1898 y recientemente ha publicado « Examen de Ingenios. Los Noventayochos »[1] donde hace un análisis crítico muy personal sobre cada uno de los miembros del famoso grupo incluyendo en ellos — curiosa novedad — a Santayana que aunque nacido en España no ha sido incorporado usualmente al mundo de las letras hispánicas. Tiene también estudios de interpretación histórica y social diseminados en revistas o preparados para su publicación, y el hecho de ser su colega de departamento y de universidad me permite saber que no tardará en ser publicado un *Proverbio de la Bona Nova* al que Ramón Sender concede una especial significación dentro del conjunto de su obra.

Las novelas senderianas de los últimos años incluyen la serie entera que comenzó con *Crónica del Alba* y continúa con *Hipogrifo Violento, La Quinta Julieta, El Mancebo y los Héroes, La Onza de Oro,* y *Los Niveles del Existir.* La colección de novelas cortas con fondo neomexicano *Novelas Ejemplares de Cíbola* de la que Antonio Espina ha dicho que muestran « en su plenitud la maestría del autor ». *La Llave,* colección de tres novelas cortas, dos de ellas publicadas antes en inglés; *La Luna de los Perros,* extraña narración que algunos llamarán existencialista pero que en todo caso sigue las líneas del naturalismo patético y lírico señaladas ya en *Imán* (Madrid, 1930) y que si es existencialista lo es a la manera personal de Sender.

La Tesis de Nancy es una novela de estructura sorprendente dentro de la manera de Sender. Un ensayo

[1] *Las Américas Publishing Co.,* New York, 1961.

de novela humorística de una fabulosa comicidad que trata de los incidentes, aventuras, desventuras y sorpresas de una muchacha americana que va a Sevilla para escribir una tesis académica sobre los gitanos y tiene la valentía de penetrar en su mundo lo que nos permite conocer el vastísimo repertorio de la jerga flamenca y « cañí » y sus cómicas ambivalencias y « quidproquos ». En el fondo hay una dimensión ligeramente satírica en relación con la España de hoy y como en otras novelas del autor un doble fondo lírico que obtiene desarticulando la realidad aunque sin llegar nunca a la extravagancia. Novelas de próxima aparición en español son *Las Criaturas Saturnianas* y *Carolus Rex*.

En el terreno poético sus *Imágenes Migratorias* han sido recibidas con el mismo interés que sus novelas y aunque no han sorprendido a nadie han marcado un nuevo hito en su camino y sobre ellas se han escrito estudios de interés. Una segunda edición muy aumentada está en prensa con el título—alusivo al sentimiento retrospectivo del pasado español del autor—*La Estatua de Sal*.

No ha publicado mucho teatro Ramón Sender, pero una adaptación de « Los Laureles de Anselmo » se ha hecho para la escena alemana que ha representado con éxito—en Viena, Berlín, Bremen y Stuttgart—« La fotografía de aniversario » puesta en escena por primera vez en la Universidad de New Mexico. « El Diantre », « La risa de los cuervos », « El viento », « El secreto », « La casa de Lot » son otros títulos traducidos a varios idiomas y alguno como « El secreto » representado muchas veces en Europa y América.

En cuanto a actividades personales de otro carácter, Sender ha estado en 1961 y 1962 en Puerto Rico y en Los Ángeles (UCLA) respectivamente como profesor visitante, es miembro del Consejo Federal Español (rama del Movimiento Federal Europeo) y de otras organizaciones activas en Europa y América. En 1963, al cumplir los sesenta y un años, se jubiló de la Universidad de New Mexico en la que había trabajado asiduamente desde 1947. Desde esa fecha Sender dividió su tiempo entre el trabajo académico—enseñaba literatura española—y su obra personal literaria. Tal vez no es el trabajo académico el que habría elegido en el caso de sentirse con completa libertad de determinación, pero él mismo ha dicho siempre que consideraba un privilegio poder trabajar como profesor y vivir en New Mexico cuya altiplanicie cerrada por montañas en el norte y el este recuerda el paisaje de Castilla. Además todavía se oye en las calles de las ciudades neomexicanas el habla castellana, con giros arcáicos de amable resonancia—« truje », « dolore », « plebe » por *traje*, *dolor*, *multitud*—y centenares de giros de gran poder evocador—que a un escritor español tienen que parecerle especialmente elocuentes.

Sender encuentra entre los campesinos de New Mexico no pocos ejemplos de sencillez, austeridad, y nobleza, igual que en Castilla y en Aragón. Sabido es cómo el autor estima esos magníficos tipos y caracteres rurales de sus novelas. Él mismo se considera un campesino y tiene las mismas cualidades de sencillez y sobriedad. La atmósfera de España es sugerida en su hogar por una abundante biblioteca de libros castellanos entre la que no faltan primeras ediciones de

Lope de Vega y de los primitivos poetas — incluídos los cuatro volúmenes famosos de Tomás Antonio Sánchez, bibliotecario de Carlos III, en su edición príncipe — un *Criticón* de Gracián y otras genuinas joyas. Muchos libros franceses modernos y antiguos — las bibliotecas españolas están bien surtidas de obras de la cultura hermana y vecina —, discos de música de todos los tiempos y regiones, desde los *aturuxos* gallegos, santanderinos o vascos al cante *hondo* andaluz, y naturalmente a Vitoria, Arriaga o Falla.

Su sobriedad natural no le impide tener siempre para sus huéspedes y visitantes un vaso de vino de las mejores bodegas de Jerez de la Frontera.

En suma, Sender vive en un ambiente tan cerca de la genuina atmósfera española como los hábitos y la estructura de la sociedad americana permiten. Pero vive « en americano ». Sabe muy bien que tratar de vivir aquí como un español sería crearse un mundo artificial e irreal, lo que no podría satisfacer a nadie y menos a un español tan enamorado de la realidad como Ramón Sender.

MOSÉN MILLÁN

*E*L cura esperaba sentado en un sillón con la cabeza inclinada sobre la casulla de los oficios de *réquiem*.[1] La sacristía olía a incienso. En un rincón había un fajo de ramitas de olivo de las que habían sobrado el Domingo de Ramos.[2] Las hojas estaban muy secas, 5 y parecían de metal. Al pasar cerca, Mosén Millán evitaba rozarlas porque se desprendían y caían al suelo.

Iba y venía el monaguillo con su roquete blanco. La sacristía tenía dos ventanas que daban al pequeño huerto de la abadía.[3] Llegaban del otro lado de los 10 cristales rumores humildes. Alguien barría furiosamente, y se oía la escoba seca contra las piedras, y una voz que llamaba:

— María . . . Marieta . . .

Cerca de la ventana entreabierta un saltamontes 15 atrapado entre las ramitas de un arbusto trataba de escapar, y se agitaba desesperadamente. Más lejos,

[1] réquiem. *Es la misa para los muertos.* [2] Domingo de Ramos. *Es el domingo antes del de la Pascua florida.* [3] abadía: *casa del cura.*

hacia la plaza, relinchaba un potro. « Ése debe ser
— pensó Mosén Millán — el potro de Paco el del
Molino,[1] que anda, como siempre, suelto por el
pueblo. » El cura seguía pensando que aquel potro, por
5 las calles, era una alusión constante a Paco y al recuerdo de su desdicha.

Con los codos en los brazos del sillón y las manos
cruzadas sobre la casulla negra bordada de oro, seguía
rezando. Cincuenta y un años repitiendo aquellas
10 oraciones habían creado un automatismo que le permitía poner el pensamiento en otra parte sin dejar de
rezar. Y su imaginación vagaba por el pueblo. Esperaba que los parientes del difunto acudirían. Estaba
seguro de que irían — no podían menos — tratándose
15 de una misa de *réquiem*, aunque la decía sin que nadie
se la hubiera encargado. También esperaba Mosén
Millán que fueran los amigos del difunto. Pero esto
hacía dudar al cura. Casi toda la aldea había sido
amiga de Paco, menos las dos familias más pudientes:
20 don Valeriano y don Gumersindo. La tercera familia
rica, la del señor Cástulo Pérez, no era ni amiga ni
enemiga.

El monaguillo entraba, tomaba una campana que
había en un rincón, y sujetando el badajo para que no
25 sonara, iba a salir cuando Mosén Millán le preguntó:

— ¿ Han venido los parientes?

— ¿ Qué parientes? — preguntó a su vez el monaguillo.

— No seas bobo. ¿ No te acuerdas de Paco el del
30 Molino?

---

[1] **el del Molino.** *En los pueblos todavía se distinguen las personas del
mismo nombre según donde viven o según su oficio.*

— Ah, sí, señor. Pero no se ve a nadie en la iglesia, todavía.

El chico salió otra vez al presbiterio pensando en Paco el del Molino. ¿No había de recordarlo?[1] Lo vio morir, y después de su muerte la gente sacó un romance. El monaguillo sabía algunos trozos:

> *Ahí va Paco el del Molino*
> *que ya ha sido sentenciado,*
> *y que llora por su vida*
> *camino del camposanto.*

Eso de llorar no era verdad, porque el monaguillo vio a Paco, y no lloraba. « Lo vi — se decía — con los otros desde el coche del señor Cástulo, y yo llevaba la bolsa con la extremaunción para que Mosén Millán les pusiera a los muertos el santolio en el pie. » El monaguillo iba y venía con el romance de Paco en los dientes. Sin darse cuenta acomodaba sus pasos al compás de la canción:

> *. . . y al llegar frente a las tapias*
> *el centurión echa el alto.*[2]

Eso del centurión le parecía al monaguillo más bien cosa de Semana Santa y de los pasos de la oración del huerto.[3] Por las ventanas de la sacristía llegaba ahora un olor de hierbas quemadas, y Mosén Millán, sin dejar de rezar, sentía en ese olor las añoranzas de su propia juventud. Era viejo, y estaba llegando — se

[1] ¿No . . . recordarlo? ¿Cómo podía no recordarlo? [2] echa el alto: manda pararse. [3] pasos . . . huerto. *En las procesiones de Semana Santa llevan representaciones de los diferentes sucesos de la pasión de Jesucristo.*

decía — a esa edad en que la sal ha perdido su sabor,
como dice la Biblia. Rezaba entre dientes con la cabeza
apoyada en aquel lugar del muro donde a través del
tiempo se había formado una mancha oscura.

5 Entraba y salía el monaguillo con la pértiga de
encender los cirios, las vinajeras y el misal.

— ¿ Hay gente en la iglesia? — preguntaba otra
vez el cura.

— No, señor.

10 Mosén Millán se decía: es pronto. Además, los
campesinos no han acabado las faenas de la trilla.
Pero la familia del difunto no podía faltar. Seguían
sonando las campanas que en los funerales eran lentas,
espaciadas y graves. Mosén Millán alargaba las pier-
15 nas. Las puntas de sus zapatos asomaban debajo del
alba y encima de la estera de esparto. El alba estaba
deshilándose por el remate. Los zapatos tenían el
cuero rajado por el lugar donde se doblaban al andar,
y el cura pensó: tendré que enviarlos a componer. El
20 zapatero era nuevo en la aldea. El anterior no iba a
misa, pero trabajaba para el cura con el mayor esmero,
y le cobraba menos. Aquel zapatero y Paco el del
Molino habían sido muy amigos.

Recordaba Mosén Millán el día que bautizó a Paco
25 en aquella misma iglesia. La mañana del bautizo se
presentó fría y dorada, una de esas mañanitas en que
la grava del río que habían puesto en la plaza durante
el *Corpus*,[1] crujía de frío bajo los pies. Iba el niño en
brazos de la madrina, envuelto en ricas mantillas, y
30 cubierto por un manto de raso blanco, bordado en
sedas blancas, también. Los lujos de los campesinos

---

[1] **Corpus.** *El día de Corpus Christi hay procesión muy solemne.*

son para los actos sacramentales. Cuando el bautizo entraba en la iglesia, las campanitas menores tocaban alegremente. Se podía saber si el que iban a bautizar era niño o niña. Si era niño, las campanas — una en un tono más alto que la otra — decían: *no es nena, que* [5] *es nen; no es nena, que es nen.* Si era niña cambiaban un poco, y decían: *no es nen, que es nena; no es nen, que es nena.* La aldea estaba cerca de la raya de Lérida,[1] y los campesinos usaban a veces palabras catalanas.

Al llegar el bautizo se oyó en la plaza vocerío de [10] niños, como siempre. El padrino llevaba una bolsa de papel de la que sacaba puñados de peladillas y caramelos. Sabía que de no hacerlo,[2] los chicos recibirían al bautizo gritando a coro frases desairadas para el recién nacido, aludiendo a sus pañales y a si estaban [15] secos o mojados.

Se oían rebotar las peladillas contra las puertas y las ventanas y a veces contra las cabezas de los mismos chicos, quienes no perdían el tiempo en lamentaciones. En la torre las campanitas menores seguían tocando: [20] *no es nena, que es nen,* y los campesinos entraban en la iglesia, donde esperaba Mosén Millán ya revestido.

Recordaba el cura aquel acto entre centenares de otros porque había sido el bautizo de Paco el del Molino. Había varias personas enlutadas y graves. Las [25] mujeres con mantilla o mantón negro. Los hombres con camisa almidonada. En la capilla bautismal la pila sugería misterios antiguos.

Mosén Millán había sido invitado a comer con la familia. No hubo grandes extremos porque las fiestas [30]

[1] **Lérida.** *La provincia de Cataluña más cerca de Aragón.* [2] **de no hacerlo:** si no lo hacía.

del invierno solían ser menos algareras que las del verano. Recordaba Mosén Millán que sobre una mesa había un paquete de velas rizadas [1] y adornadas, y que en un extremo de la habitación estaba la cuna del niño. A su lado, la madre, de breve cabeza y pecho opulento, con esa serenidad majestuosa de las recién paridas. El padre atendía a los amigos. Uno de ellos se acercaba a la cuna, y preguntaba:

— ¿ Es tu hijo?

— Hombre, no lo sé — dijo el padre acusando con una tranquila sorna lo obvio de la pregunta —. Al menos, de mi mujer sí que lo es.

Luego soltó la carcajada. Mosén Millán, que estaba leyendo su grimorio, alzó la cabeza:

— Vamos, no seas bruto. ¿ Qué sacas con esas bromas?

Las mujeres reían también, especialmente la Jerónima — partera y saludadora —, que en aquel momento llevaba a la madre un caldo de gallina y un vaso de vino moscatel. Después descubría al niño, y se ponía a cambiar el vendaje del ombliguito.

— Vaya, zagal. Seguro que no te echarán del baile — decía aludiendo al volumen de sus atributos masculinos.

La madrina repetía que durante el bautismo el niño había sacado la lengua para recoger la sal, y de eso deducía que tendría gracia y atractivo con las mujeres. El padre del niño iba y venía, y se detenía a veces para mirar al recién nacido: « ¡ Qué cosa es la vida ! Hasta que nació ese crío, yo era sólo el

---

[1] **velas rizadas.** *Son velas decoradas de modo que dan el efecto de rizos en la cera.*

hijo de mi padre. Ahora soy, además, el padre de mi hijo. »

— El mundo es redondo, y rueda — dijo en voz alta.

Estaba seguro Mosén Millán de que servirían en la comida perdiz en adobo. En aquella casa solían 5 tenerla. Cuando sintió su olor en el aire, se levantó, se acercó a la cuna, y sacó de su breviario un pequeñísimo escapulario que dejó debajo de la almohada del niño. Miraba el cura al niño sin dejar de rezar: *ad perpetuam rei memoriam* . . .[1] El niño parecía darse cuenta de que 10 era el centro de aquella celebración, y sonreía dormido. Mosén Millán se apartaba pensando: ¿ De qué puede sonreír? Lo dijo en voz alta, y la Jerónima comentó:

— Es que sueña. Sueña con ríos de lechecita caliente.

El diminutivo de leche resultaba un poco extraño, 15 pero todo lo que decía la Jerónima era siempre así.

Cuando llegaron los que faltaban, comenzó la comida. Una de las cabeceras [2] la ocupó el feliz padre. La abuela dijo al indicar al cura el lado contrario:

— Aquí el otro padre, Mosén Millán. 20

El cura dio la razón a la abuela: el chico había nacido dos veces, una al mundo y otra a la iglesia. De este segundo nacimiento el padre era el cura párroco. Mosén Millán se servía poco, reservándose para las perdices. 25

Veintiséis años después se acordaba de aquellas perdices, y en ayunas, antes de la misa, percibía los olores de ajo, vinagrillo y aceite de oliva. Revestido y oyendo las campanas, dejaba que por un momento

---

[1] ad . . . memoriam: para tener eterna memoria de la cosa. [2] cabeceras. *La mesa en países hispánicos suele tener dos cabeceras, no cabecera y pie como aquí, y son las posiciones de honor para invitados distinguidos.*

el recuerdo se extinguiera. Miraba al monaguillo. Éste no sabía todo el romance de Paco, y se quedaba en la puerta. con un dedo doblado entre los dientes tratando de recordar:

5
> *. . . ya los llevan, ya los llevan*
> *atados brazo con brazo.*

El monaguillo tenía presente [1] la escena, que fue sangrienta y llena de estampidos.

Volvía a recordar el cura la fiesta del bautizo
10 mientras el monaguillo por decir algo repetía:

— No sé qué pasa que hoy no viene nadie a la iglesia, Mosén Millán.

El sacerdote había puesto la crisma en la nuca de Paco, en su tierna nuca que formaba dos arruguitas
15 contra la espalda. Ahora — pensaba — está ya aquella nuca bajo la tierra, polvo en el polvo. Todos habían mirado al niño aquella mañana, sobre todo el padre, felices, pero con cierta turbiedad en la expresión. Nada más misterioso que un recién nacido.

20 Mosén Millán recordaba que aquella familia no había sido nunca muy devota, pero cumplía con la parroquia y conservaba la costumbre de hacer a la iglesia dos regalos cada año, uno de lana y otro de trigo, en agosto. Lo hacían más por tradición que
25 por devoción — pensaba Mosén Millán —, pero lo hacían.

En cuanto a la Jerónima, ella sabía que el cura no la veía con buenos ojos. A veces la Jerónima, con su oficio y sus habladurías — o *dijendas*, como ella decía
30 — agitaba un poco las aguas mansas de la aldea.

---

[1] **tenía presente:** recordaba vivamente.

Solía rezar la Jerónima extrañas oraciones para ahuyentar el pedrisco y evitar las inundaciones, y en
aquella que terminaba diciendo: *Santo Justo, Santo
Fuerte, Santo Inmortal — líbranos, Señor, de todo mal,*
añadía una frase latina que sonaba como una obsceni- 5
dad, y cuyo verdadero sentido no pudo nunca descifrar
el cura. Ella lo hacía inocentemente, y cuando el cura
le preguntaba de dónde había sacado aquel latinajo,
decía que lo había heredado de su abuela.

Estaba seguro Mosén Millán de que si iba a la cuna 10
del niño, y levantaba la almohada, encontraría algún
amuleto. Solía la Jerónima poner cuando se trataba
de niños una tijerita abierta en cruz para protegerlos
de herida de hierro — de saña de hierro, decía ella —,
y si se trataba de niñas, una rosa que ella misma había 15
desecado a la luz de la luna para darles hermosura y
evitarles las menstruaciones difíciles.

Hubo un incidente que produjo cierta alegría
secreta a Mosén Millán. El médico de la aldea, un
hombre joven, llegó, dio los buenos días, se quitó las 20
gafas para limpiarlas — se le habían empañado al
entrar —, y se acercó a la cuna. Después de reconocer [1]
al crío dijo gravemente a la Jerónima que no volviera
a tocar el ombligo del recién nacido y ni siquiera a
cambiarle la faja. Lo dijo secamente, y lo que era peor, 25
delante de todos. Lo oyeron hasta los que estaban en
la cocina.

Como era de suponer, al marcharse el médico, la
Jerónima comenzó a desahogarse. Dijo que con los
médicos viejos nunca había tenido palabras, y que 30
aquel jovencito creía que sólo su ciencia valía, pero

[1] reconocer: examinar.

dime de lo que presumes,[1] y te diré lo que te falta. Aquel médico tenía más hechuras y maneras que *concencia*. Trató de malquistar al médico con los maridos. ¿No habían visto cómo se entraba por las casas de
5 rondón, y sin llamar, y se iba derecho a la alcoba, aunque la hembra de la familia estuviera allí vistiéndose? Más de una había sido sorprendida en cubrecorsé o en enaguas. ¿Y qué hacían las pobres? Pues nada. Gritar y correr a otro cuarto. ¿Eran maneras
10 aquellas de entrar en una casa un hombre soltero y sin arrimo? Ése era el médico. Seguía hablando la Jerónima, pero los hombres no la escuchaban. Mosén Millán intervino por fin:

— Cállate, Jerónima — dijo —. Un médico es un
15 médico.

— La culpa — dijo alguien — no es de la Jerónima, sino del jarro.[2]

Los campesinos hablaban de cosas referentes al trabajo. El trigo apuntaba bien, los planteros —
20 semilleros — de hortalizas iban germinando, y en la primavera sería un gozo sembrar los melonares y la lechuga. Mosén Millán, cuando vio que la conversación languidecía, se puso a hablar contra las supersticiones. La Jerónima escuchaba en silencio.

25 Hablaba el cura de las cosas más graves con giros campesinos. Decía que la Iglesia se alegraba tanto de aquel nacimiento como los mismos padres, y que había que alejar del niño las supersticiones, que son cosa del demonio, y que podrían dañarle el día de

---

[1] **dime ... presumes** etc. *Hay muchos refranes hechos a base de « Dime con quién andas y te diré quién eres.»* [2] **jarro.** *Una alusión al vino que bebió.*

mañana. Añadió que el chico sería tal vez un nuevo Saulo [1] para la Cristiandad.

— Lo que quiero yo es que aprenda a ajustarse los calzones,[2] y que haga un buen mayoral de labranza — dijo el padre.

Rio la Jerónima para molestar al cura. Luego dijo:

— El chico será lo que tenga que ser. Cualquier cosa, menos cura.

Mosén Millán la miró extrañado:

— Qué bruta eres, Jerónima.

En aquel momento llegó alguien buscando a la ensalmadora. Cuando ésta hubo salido, Mosén Millán se dirigió a la cuna del niño, levantó la almohada, y halló debajo un clavo y una pequeña llave formando cruz. Los sacó, los entregó al padre, y dijo: « ¿ Usted ve? » Después rezó una oración. Repitió que el pequeño Paco, aunque fuera un día mayoral de labranza, era hijo espiritual suyo, y debía cuidar de su alma. Ya sabía que la Jerónima, con sus supersticiones, no podía hacer daño mayor, pero tampoco hacía ningún bien.

Mucho más tarde, cuando Paquito fue Paco, y salió de quintas,[3] y cuando murió, y cuando Mosén Millán trataba de decir la misa de aniversario, vivía todavía la Jerónima, aunque era tan vieja, que decía tonterías, y no le hacían caso. El monaguillo de Mosén Millán estaba en la puerta de la sacristía, y sacaba la nariz de vez en cuando para fisgar por la iglesia, y decir al cura:

— Todavía no ha venido nadie.

---

[1] **Saulo.** *El nombre de San Pablo antes de su conversión.* [2] **ajustarse . . . calzones.** *Es ser todo un hombre.* [3] **salió de quintas:** no tuvo que hacer servicio militar.

Alzaba las cejas el sacerdote pensando: no lo comprendo. Toda la aldea quería a Paco. Menos don Gumersindo, don Valeriano y tal vez el señor Cástulo Pérez. Pero de los sentimientos de este último nadie podía estar seguro. El monaguillo también se hablaba a sí mismo diciéndose el romance de Paco:

Las luces iban po'l [1] monte
y las sombras por el saso [2] . . .

Mosén Millán cerró los ojos, y esperó. Recordaba algunos detalles nuevos de la infancia de Paco. Quería al muchacho, y el niño le quería a él, también. Los chicos y los animales quieren a quien los quiere.

A los seis años hacía *fuineta*, es decir, se escapaba ya de casa, y se unía con otros zagales. Entraba y salía por las cocinas de los vecinos. Los campesinos siguen el viejo proverbio: al hijo de tu vecino límpiale las narices y mét!elo en tu casa. Tendría Paco algo más de seis años cuando fue por primera vez a la escuela. La casa del cura estaba cerca, y el chico iba de tarde en tarde a verlo. El hecho de que fuera por voluntad propia conmovía al cura. Le daba al muchacho estampas de colores. Si al salir de casa del cura el chico encontraba al zapatero, éste le decía:

— Ya veo que eres muy amigo de Mosén Millán.

— ¿Y usted no? — preguntaba el chico.

— ¡ Oh ! — decía el zapatero, evasivo —. Los curas son la gente que se toma más trabajo en el mundo para no trabajar. Pero Mosén Millán es un santo.

[1] **po'l** = por el. [2] **saso**. *En Aragón es tierra ligera o meseta en un cerro.*

Esto último lo decía con una veneración exagerada para que nadie pudiera pensar que hablaba en serio.

El pequeño Paco iba haciendo sus descubrimientos en la vida. Encontró un día al cura en la abadía cambiándose de sotana, y al ver que debajo llevaba 5 pantalones, se quedó extrañado y sin saber qué pensar.

Cuando veía Mosén Millán al padre de Paco le preguntaba por el niño empleando una expresión halagadora: 10

— ¿ Dónde está el heredero?

Tenía el padre de Paco un perro flaco y malcarado. Los labradores tratan a sus perros con indiferencia y crueldad, y es, sin duda, la razón por la que esos animales los adoran. A veces el perro acompañaba 15 al chico a la escuela. Iba a su lado sin zalemas y sin alegría, protegiéndolo con su sola presencia.

Paco andaba por entonces muy atareado tratando de convencer al perro de que el gato de la casa tenía también derecho a la vida. El perro no lo entendía 20 así, y el pobre gato tuvo que escapar al campo. Cuando Paco quiso recuperarlo, su padre le dijo que era inútil porque las alimañas salvajes lo habrían matado ya. Los buhos no suelen tolerar que haya en el campo otros animales que puedan ver en la oscuridad, como 25 ellos. Perseguían a los gatos, los mataban y se los comían. Desde que supo eso, la noche era para Paco misteriosa y temible, y cuando se acostaba aguzaba el oído queriendo [1] oír los ruidos de fuera.

Si la noche era de los buhos, el día pertenecía a los 30

---

[1] **queriendo.** *Aquí* querer *significa algo como* hacer esfuerzos, *sentido que tiene muchas veces en el tiempo pretérito.*

chicos, y Paco, a los siete años, era bastante revoltoso. Sus preocupaciones y temores durante la noche no le impedían reñir al salir de la escuela.

Era ya por entonces una especie de monaguillo auxiliar o suplente. Entre los tesoros de los chicos de la aldea había un viejo revólver con el que especulaban de tal modo, que nunca estaba más de una semana en las mismas manos. Cuando por alguna razón — por haberlo ganado en juegos o cambalaches — lo tenía Paco, no se separaba de él, y mientras ayudaba a misa lo llevaba en el cinto bajo el roquete. Una vez, al cambiar el misal y hacer la genuflexión, resbaló el arma, y cayó en la tarima con un ruido enorme. Un momento quedó allí, y los dos monaguillos se abalanzaron sobre ella. Paco empujó al otro, y tomó su revólver. Se remangó la sotana, se lo guardó en la cintura, y respondió al sacerdote:

— *Et cum spiritu tuo*.[1]

Terminó la misa, y Mosén Millán llamó a capítulo [2] a Paco, le riñó y le pidió el revólver. Entonces ya Paco lo había escondido detrás del altar. Mosén Millán registró al chico, y no le encontró nada. Paco se limitaba a negar, y no le habrían sacado de sus negativas todos los verdugos de la antigua Inquisición. Al final, Mosén Millán se dio por vencido, pero le preguntó:

— ¿Para qué quieres ese revólver, Paco? ¿A quién quieres matar?

— A nadie.

Añadió que lo llevaba para evitar que lo usaran

---

[1] **Et . . . tuo**: Y con tu espíritu, *frase litúrgica.*   [2] **llamó a capítulo**: le pidió explicación de su conducta.

otros chicos peores que él. Este subterfugio asombró al cura.

Mosén Millán se interesaba por Paco pensando que sus padres eran poco religiosos. Creía el sacerdote que atrayendo al hijo, atraería tal vez al resto de la familia. Tenía Paco siete años cuando llegó el obispo, y confirmó a los chicos de la aldea. La figura del prelado, que era un anciano de cabello blanco y alta estatura, impresionó a Paco. Con su mitra, su capa pluvial y el báculo dorado, daba al niño la idea aproximada de lo que debía ser Dios en los cielos. Después de la confirmación habló el obispo con Paco en la sacristía. El obispo le llamaba *galopín*. Nunca había oído Paco aquella palabra. El diálogo fue así:

— ¿ Quién es este galopín ?

— Paco, para servir a Dios, y a su ilustrísima.

El chico había sido aleccionado. El obispo, muy afable, seguía preguntándole:

— ¿ Qué quieres ser tú en la vida ? ¿ Cura ?

— No, señor.

— ¿ General ?

— No, señor, tampoco. Quiero ser labrador, como mi padre.

El obispo reía. Viendo Paco que tenía éxito, siguió hablando:

— Y tener tres pares de mulas, y salir con ellas por la calle mayor diciendo: ¡ Tordillaaa Capitanaaa, oxiqué [1] me ca . . . !

Mosén Millán se asustó, y le hizo con la mano un gesto indicando que debía callarse. El obispo reía.

[1] **oxiqué**. *Significa* a la izquierda *y aquí se usa en una expresión obscena.*

Aprovechando la emoción de aquella visita del obispo, Mosén Millan comenzó a preparar a Paco y a otros mozalbetes para la primera comunión, y al mismo tiempo decidió que era mejor hacerse cómplice
5 de las pequeñas picardías de los muchachos que censor. Sabía que Paco tenía el revólver, y no había vuelto a hablarle de él.

Se sentía Paco seguro en la vida. El zapatero lo miraba a veces con cierta ironía — ¿por qué? —, y
10 el médico, cuando iba a su casa, le decía:

— Hola, Cabarrús.[1]

Casi todos los vecinos y amigos de la familia le guardaban a Paco algún secreto: la noticia del revólver, un cristal roto en una ventana, el hurto de
15 algunos puñados de cerezas en un huerto. El más importante encubrimiento era el de Mosén Millán.

Un día habló el cura con Paco de cosas difíciles porque Mosén Millán le enseñaba a hacer examen de conciencia desde el primer mandamiento hasta el
20 décimo. Al llegar al sexto,[2] el sacerdote vaciló un momento, y dijo, por fin:

— Pásalo por alto,[3] porque tú no tienes pecados de esa clase todavía.

Paco estuvo cavilando, y supuso que debía referirse
25 a la relación entre hombres y mujeres.

Iba Paco a menudo a la iglesia, aunque sólo ayudaba a misa cuando hacían falta dos monaguillos. En la época de Semana Santa descubrió grandes cosas. Durante aquellos días todo cambiaba en el templo.

---

[1] **Cabarrús.** *Es el nombre de un economista de las cortes de Carlos III y Carlos IV.* [2] **sexto.** *Es el mandamiento que habla del adulterio.* [3] **Pásalo ... alto.** *Dice que lo puede omitir.*

Las imágenes las tapaban con paños color violeta, el altar mayor quedaba oculto también detrás de un enorme lienzo malva, y una de las naves iba siendo transformada en un extraño lugar lleno de misterio. Era *el monumento*. La parte anterior tenía acceso por una ancha escalinata cubierta de alfombra negra.

Al pie de esas escaleras, sobre un almohadón blanco de raso estaba acostado un crucifijo de metal cubierto con lienzo violeta, que formaba una figura romboidal sobre los extremos de la Cruz. Por debajo del rombo asomaba la base, labrada. Los fieles se acercaban, se arrodillaban, y la besaban. Al lado una gran bandeja con dos o tres monedas de plata y muchas más de cobre. En las sombras de la iglesia aquel lugar silencioso e iluminado, con las escaleras llenas de candelabros y cirios encendidos, daba a Paco una impresión de misterio.

Debajo del monumento, en un lugar invisible, dos hombres tocaban en flautas de caña una melodía muy triste. La melodía era corta y se repetía hasta el infinito durante todo el día. Paco tenía sensaciones contradictorias muy fuertes.

Durante el Jueves y el Viernes Santo no sonaban las campanas de la torre. En su lugar se oían las matracas. En la bóveda del campanario había dos enormes cilindros de madera cubiertos de hileras de mazos. Al girar el cilindro, los mazos golpeaban sobre la madera hueca. Toda aquella maquinaria estaba encima de las campanas, y tenía un eje empotrado en dos muros opuestos del campanario, y engrasado con pez. Esas gigantescas matracas producían un rumor de huesos agitados. Los monaguillos tenían dos matraquitas de mano, y las hacían sonar al alzar en la misa. Paco miraba y oía todo aquello asombrado.

Le intrigaban sobre todo las estatuas que se veían a los dos lados del monumento. Éste parecía el interior de una inmensa cámara fotográfica con el fuelle extendido. La turbación de Paco procedía del hecho de haber visto aquellas imágenes polvorientas y des-narigadas en un desván del templo donde amontonaban los trastos viejos. Había también allí piernas de cristos desprendidas de los cuerpos, estatuas de mártires desnudos y sufrientes. Cabezas de *ecce homos* [1] lacri-mosos, paños de verónicas colgados del muro, trípodes hechos con listones de madera que tenían un busto de mujer en lo alto, y que, cubiertos por un manto en forma cónica, se convertían en Nuestra Señora de los Desamparados.

El otro monaguillo — cuando estaban los dos en el desván — exageraba su familiaridad con aquellas figuras. Se ponía a caballo en uno de los apóstoles, en cuya cabeza golpeaba con los nudillos para ver — decía — si había ratones; le ponía a otro un papelito arrollado en la boca como si estuviera fumando, iba al lado de San Sebastián, [2] y le arrancaba los dardos del pecho para volvérselos a poner, cruelmente. Y en un rincón se veía el túmulo funeral que se usaba en las misas de difuntos. Cubierto de paños negros goteados de cera mostraba en los cuatro lados una calavera y dos tibias cruzadas. Era un lugar dentro del cual se escondía el otro acólito, a veces, y cantaba cosas irreverentes.

---

[1] **ecce homos.** *Imágenes de Jesucristo coronado de espinas.* [2] **San Sebastián.** *Está representado siempre con las flechas que le dieron muerte.*

El Sábado de Gloria,[1] por la mañana, los chicos iban a la iglesia llevando pequeños mazos de madera que tenían guardados todo el año para aquel fin. Iban — quién iba a suponerlo — a matar judíos. Para evitar que rompieran los bancos, Mosén Millán 5 hacía poner el día anterior tres largos maderos derribados cerca del atrio. Se suponía que los judíos estaban dentro, lo que no era para las imaginaciones infantiles demasiado suponer. Los chicos se sentaban detrás y esperaban. Al decir el cura en los oficios la palabra 10 *resurrexit*,[2] comenzaban a golpear produciendo un fragor escandaloso, que duraba hasta el canto del *aleluya* y el primer volteo de campanas.

Salía Paco de la Semana Santa como convaleciente de una enfermedad. Los oficios habían sido sensa- 15 cionales, y tenían nombres extraños: las *tinieblas*, el sermón de *las siete palabras*, el del *beso de Judas*, el de los *velos rasgados*. El Sábado de Gloria solía ser como la reconquista de la luz y la alegría. Mientras volteaban las campanas en la torre — después del 20 silencio de tres días — la Jerónima cogía piedrecitas en la glera del río porque decía que poniéndoselas en la boca aliviarían el dolor de muelas.

Paco iba entonces a la casa del cura en grupo con otros chicos, que se preparaban también para la 25 primera comunión. El cura los instruía y les aconsejaba que en aquellos días no hicieran diabluras. No debían pelear ni ir al lavadero público, donde las mujeres hablaban demasiado libremente.

Los chicos sentían desde entonces una curiosidad 30

---

[1] **Sábado de Gloria.** *Es el sábado de Semana Santa.*   [2] **resurrexit** *Verbo latino que dice que Jesucristo ha vuelto a la vida.*

más **viva**, y si pasaban cerca del lavadero aguzaban el oído. Hablando los chicos entre sí, de la comunión, inventaban peligros extraños y decían que al comulgar era necesario abrir mucho la boca, porque si la hostia 5 tocaba en los dientes, el comulgante caía muerto, y se iba derecho al infierno.

Un día, Mosén Millán pidió al monaguillo que le acompañara a llevar la extremaunción a un enfermo grave. Fueron a las afueras del pueblo, 10 donde ya no había casas, y la gente vivía en unas cuevas abiertas en la roca. Se entraba en ellas por un agujero rectangular que tenía alrededor una cenefa encalada.

Paco llevaba colgada del hombro una bolsa de 15 terciopelo, donde el cura había puesto los objetos litúrgicos. Entraron bajando la cabeza y pisando con cuidado. Había dentro dos cuartos con el suelo de losas de piedra mal ajustadas. Estaba ya oscureciendo, y en el cuarto primero no había luz. En el segundo se 20 veía sólo una lamparilla de aceite. Una anciana, vestida de harapos, los recibió con un cabo de vela encendido. El techo de roca era muy bajo, y aunque se podía estar de pie, el sacerdote bajaba la cabeza por precaución. No había otra ventilación que la de la 25 puerta exterior. La anciana tenía los ojos secos y una expresión de fatiga y de espanto frío.

En un rincón había un camastro de tablas, y en él estaba el enfermo. El cura no dijo nada, la mujer tampoco. Sólo se oía un ronquido regular, bronco y 30 persistente, que salía del pecho del enfermo. Paco abrió la bolsa, y el sacerdote, después de ponerse la estola, fue sacando trocitos de estopa y una pequeña vasija con aceite, y comenzó a rezar en latín. La anciana escuchaba con la vista en el suelo y el cabo de vela en la mano. La silueta del enfermo — que tenía el pecho muy levantado y la cabeza muy baja — se proyectaba en el muro, y el más pequeño movi- 5 miento del cirio hacía moverse la sombra.

Descubrió el sacerdote los pies del enfermo. Eran grandes, secos, resquebrajados. Pies de labrador. Después fue a la cabecera. Se veía que el agonizante ponía toda la energía que le quedaba en aquella 10 horrible tarea de respirar. Los estertores eran más broncos y más frecuentes. Paco veía dos o tres moscas que revoloteaban sobre la cara del enfermo, y que a la luz tenían reflejos de metal. Mosén Millán hizo las unciones en los ojos, en la nariz, en los pies. El 15 enfermo no se daba cuenta. Cuando terminó, el sacerdote dijo a la mujer:

— Dios lo acoja en su seno.

La anciana callaba. Le temblaba a veces la barba, y en aquel temblor se percibía el hueso de la mandíbula 20 debajo de la piel. Paco seguía mirando alrededor. No había luz, ni agua, ni fuego.

Mosén Millán tenía prisa por salir, pero lo disimulaba porque aquella prisa le parecía poco cristiana. Cuando salieron, la mujer los acompañó hasta la 25 puerta con el cirio encendido. No se veían por allí más muebles que una silla desnivelada apoyada contra el muro. En el cuarto exterior, en un rincón y en el suelo había tres piedras ahumadas y un poco de ceniza fría. En una estaca clavada en el muro, una chaqueta 30 vieja. El sacerdote parecía ir a decir algo, pero se calló. Salieron.

Era ya de noche, y en lo alto se veían las estrellas.
Paco preguntó:

— ¿ Esa gente es pobre, Mosén Millán?

— Sí, hijo.

5 — ¿ Muy pobre?

— Mucho.

— ¿ La más pobre del pueblo?

— Quién sabe, pero hay cosas peores que la pobreza.
Son desgraciados por otras razones.

10 El monaguillo veía que el sacerdote contestaba con
desgana.

— ¿ Por qué? — preguntó.

— Tienen un hijo que podría ayudarles, pero he
oído decir que está en la cárcel.

15 — ¿ Ha matado a alguno?

— Yo no sé, pero no me extrañaría.

Paco no podía estar callado. Caminaba a oscuras
por terreno desigual. Recordando al enfermo el monaguillo dijo:

20 — Se está muriendo porque no puede respirar. Y
ahora nos vamos, y se queda allí solo.

Caminaban. Mosén Millán parecía muy fatigado.
Paco añadió:

— Bueno, con su mujer. Menos mal.

25 Hasta las primeras casas había un buen trecho.
Mosén Millán dijo al chico que su compasión era
virtuosa y que tenía buen corazón. El chico preguntó
aún si no iba nadie a verlos porque eran pobres o
porque tenían un hijo en la cárcel y Mosén Millán
30 queriendo cortar el diálogo aseguró que de un momento a otro el agonizante moriría y subiría al cielo
donde sería feliz. El chico miró las estrellas.

— Su hijo no debe ser muy malo, padre Millán.

— ¿ Por qué?

— Si fuera malo, sus padres tendrían dinero. Robaría.

El cura no quiso responder. Y seguían andando. Paco se sentía feliz yendo con el cura. Ser su amigo le daba autoridad aunque no podría decir en qué forma. Siguieron andando sin volver a hablar, pero al llegar a la iglesia Paco repitió una vez más:

— ¿ Por qué no va a verlo nadie, Mosén Millán?

— ¿ Qué importa eso, Paco? El que se muere, rico o pobre, siempre está solo aunque vayan los demás a verlo. La vida es así y Dios que la ha hecho sabe por qué.

Paco recordaba que el enfermo no decía nada. La mujer tampoco. Además el enfermo tenía los pies de madera como los de los crucifijos rotos y abandonados en el desván.

El sacerdote guardaba la bolsa de los óleos. Paco dijo que iba a avisar a los vecinos para que fueran a ver al enfermo y a ayudar a su mujer. Iría de parte de Mosén Millán y así nadie se negaría. El cura le advirtió que lo mejor que podía hacer era ir a su casa. Cuando Dios permite la pobreza y el dolor — dijo — es por algo.

— ¿ Qué puedes hacer tú? — añadió —. Esas cuevas que has visto son miserables pero las hay peores en otros pueblos.

Medio convencido Paco se fue a su casa, pero durante la cena habló dos o tres veces más del agonizante y dijo que en su choza no tenían ni siquiera un poco de leña para hacer fuego. Los padres callaban.

La madre iba y venía. Paco decía que el pobre hombre que se moría no tenía siquiera un colchón porque estaba acostado sobre tablas. El padre dejó de cortar pan y lo miró.

5 — Es la última vez — dijo — que vas con Mosén Millán a dar la unción a nadie.

Todavía el chico habló de que el enfermo tenía un hijo presidiario, pero que no era culpa del padre.

10 — Ni del hijo tampoco.

Paco estuvo esperando que el padre dijera algo más, pero se puso a hablar de otras cosas.

Como en todas las aldeas, había un lugar en las afueras que los campesinos llamaban *el carasol*,[1] en la 15 base de una cortina de rocas que daban al mediodía. Era caliente en invierno y fresco en verano. Allí iban las mujeres más pobres — generalmente ya viejas — y cosían, hilaban, charlaban de lo que sucedía en el mundo.

20 Durante el invierno aquel lugar estaba siempre concurrido. Alguna vieja peinaba a su nieta. La Jerónima, en el carasol, estaba siempre alegre y su alegría contagiaba a las otras. A veces, sin más ni más, y cuando el carasol estaba aburrido, se ponía ella a 25 bailar sola, siguiendo el compás de las campanas de la iglesia.

Fue ella quien llevó la noticia de la piedad de Paco por la familia agonizante, y habló de la resistencia de Mosén Millán a darles ayuda — esto muy exage-30 rado para hacer efecto — y de la prohibición del

---

[1] **carasol.** *En Aragón el carasol es un lugar calentado por el sol y protegido del viento.*

padre del chico. Según ella, el padre había dicho a Mosén Millán:

— ¿ Quién es usted para llevarse al chico a dar la unción?

Era mentira, pero en el carasol creían todo lo que la Jerónima decía. Ésta hablaba con respeto de mucha gente, pero no de las familias de don Valeriano y de don Gumersindo.

Veintitrés años después, Mosén Millán recordaba aquellos hechos, y suspiraba bajo sus ropas talares,[1] esperando con la cabeza apoyada en el muro — en el lugar de la mancha oscura — el momento de comenzar la misa. Pensaba que aquella visita de Paco a la cueva influyó mucho en todo lo que había de sucederle después. « Y vino conmigo. Yo lo llevé », añadía un poco perplejo. El monaguillo entraba en la sacristía y decía:

— Aún no ha venido nadie, Mosén Millán.

Lo repitió porque con los ojos cerrados, el cura parecía no oírle. Y recitaba para sí el monaguillo otras partes del romance a medida que las recordaba:

> . . . *Lo buscaban en los montes,*
> *pero no lo han encontrado;*
> *a su casa iban con perros*
> *pa que tomen el olfato;*
> *ya ventean, ya ventean*
> *las ropas viejas de Paco.*

Se oían aún las campanas. Mosén Millán volvía a recordar a Paco. « Parece que era ayer cuando tomó la primera comunión. » Poco después el chico se puso

---

[1] **ropas talares:** *trajes o vestiduras que llegan hasta los talones.*

a crecer, y en tres o cuatro años se hizo casi tan grande como su padre. La gente, que hasta entonces lo llamaba Paquito, comenzó a llamarlo Paco el del Molino. El bisabuelo había tenido un molino que ya 5 no molía, y que empleaban para almacén de grano. Tenía también allí un pequeño rebaño de cabras. Una vez, cuando parieron las cabras, Paco le llevó a Mosén Millán un cabritillo, que quedó triscando por el huerto de la abadía.

10 Poco a poco se fue alejando el muchacho de Mosén Millán. Casi nunca lo encontraba en la calle, y no tenía tiempo para ir ex profeso [1] a verlo. Los domingos iba a misa — en verano faltaba alguna vez —, y para Pascua confesaba y comulgaba, cada año.

15 Aunque imberbe aún, el chico imitaba las maneras de los adultos. No sólo iba sin cuidado al lavadero y escuchaba los diálogos de las mozas, sino que a veces ellas le decían picardías y crudezas, y él respondía bravamente. El lugar a donde iban a lavar las mozas 20 se llamaba la plaza del agua, y era, efectivamente, una gran plaza ocupada en sus dos terceras partes por un estanque bastante profundo. En las tardes calientes del verano algunos mozos iban a nadar allí completamente en cueros. Las lavanderas parecían escanda- 25 lizarse, pero sólo de labios afuera.[2] Sus gritos, sus risas y las frases que cambiaban con los mozos mientras en la alta torre crotoraban las cigüeñas, revelaban una alegría primitiva.

Paco el del Molino fue una tarde allí a nadar, y 30 durante más de dos horas se exhibió a gusto entre las bromas de las lavanderas. Le decían palabras provoca-

[1] **ex profeso**: precisamente.   [2] **de labios afuera**: en apariencia.

tivas, insultos femeninos de intención halagadora, y aquello fue como la iniciación en la vida de los mozos solteros. Después de aquel incidente, sus padres le dejaban salir de noche y volver cuando ya estaban acostados. 5

A veces Paco hablaba con su padre sobre cuestiones de hacienda familiar. Un día tuvieron una conversación sobre materia tan importante como los arrendamientos de pastos en el monte y lo que esos arrendamientos les costaban. Pagaban cada año una 10 suma regular [1] a un viejo duque que nunca había estado en la aldea, y que percibía aquellas rentas de los campesinos de cinco pueblos vecinos. Paco creía que aquello no era cabal.

—Si es cabal o no, pregúntaselo a Mosén Millán, 15 que es amigo de don Valeriano, el administrador del duque. Anda y verás con lo que te sale.

Ingenuamente [2] Paco se lo preguntó al cura, y éste dijo:

—¿Qué te importa a ti eso, Paco? 20

Paco se atrevió a decirle — lo había oído a su padre — que había gente en el pueblo que vivía peor que los animales, y que se podía hacer algo para remediar aquella miseria.

—¿Qué miseria? — dijo Mosén Millán —. Hay 25 más miseria en otras partes que aquí.

Luego le reprendió ásperamente por ir a nadar a la plaza del agua delante de las lavanderas. En eso Paco tuvo que callarse.

El muchacho iba adquiriendo gravedad y solidez. 30

---

[1] **regular**: es decir, bastante considerable.   [2] **Ingenuamente**: Inocentemente.

Los domingos en la tarde, con el pantalón nuevo de pana, la camisa blanca y el chaleco rameado y florido, iba a jugar a las *birlas* (a los bolos). Desde la abadía, Mosén Millán, leyendo su breviario, oía el ruido de
5 las birlas chocando entre sí y las monedas de cobre cayendo al suelo, donde las dejaban los mozos para sus apuestas. A veces se asomaba al balcón. Veía a Paco tan crecido, y se decía: « Ahí está. Parece que fue ayer cuando lo bauticé. »
10 Pensaba el cura con tristeza que cuando aquellos chicos crecían, se alejaban de la iglesia, pero volvían a acercarse al llegar a la vejez por la amenaza de la muerte. En el caso de Paco la muerte llegó mucho antes que la vejez, y Mosén Millán lo recordaba en
15 la sacristía profundamente abstraído mientras esperaba el momento de comenzar la misa. Sonaban todavía las campanas en la torre. El monaguillo dijo, de pronto:

— Mosén Millán, acaba de entrar en la iglesia don Valeriano.
20 El cura seguía con los ojos cerrados y la cabeza apoyada en el muro. El monaguillo recordaba aún el romance:

> . . . en la Pardina del monte
> allí encontraron a Paco;
25 > date, date a la justicia,
> o aquí mismo te matamos.

Pero don Valeriano se asomaba ya a la sacristía. « Con permiso », dijo. Vestía como los señores de la ciudad, pero en el chaleco llevaba más botones que
30 de ordinario, y una gruesa cadena de oro con varios dijes colgando que sonaban al andar. Tenía don

Valeriano la frente estrecha y los ojos huidizos. El bigote caía por los lados, de modo que cubría las comisuras de la boca. Cuando hablaba de dar dinero usaba la palabra *desembolso*, que le parecía distinguida. Al ver que Mosén Millán seguía con los ojos cerrados sin hacerle caso, se sentó y dijo:

— Mosén Millán, el último domingo dijo usted en el púlpito que había que olvidar. Olvidar no es fácil, pero aquí estoy el primero.

El cura afirmó con la cabeza sin abrir los ojos. Don Valeriano, dejando el sombrero en una silla, añadió:

— Yo la pago, la misa, salvo mejor parecer.[1] Dígame lo que vale y como ésos.[2]

Negó el cura con la cabeza y siguió con los ojos cerrados. Recordaba que don Valeriano fue uno de los que más influyeron en el desgraciado fin de Paco. Era administrador del duque, y, además, tenía tierras propias. Don Valeriano, satisfecho de sí, como siempre, volvía a hablar:

— Ya digo, fuera malquerencias. En esto soy como mi difunto padre.

Mosén Millán oía en su recuerdo la voz de Paco. Pensaba en el día que se casó. No se casó Paco a ciegas, como otros mozos, en una explosión temprana de deseo. Las cosas se hicieron despacio y bien. En primer lugar, la familia de Paco estaba preocupada por las quintas. La probabilidad de que, sacando un número bajo, tuviera que ir al servicio militar los desvelaba a todos. La madre de Paco habló con el

---

[1] **salvo ... parecer:** si no hay opinión contraria. [2] **y como ésos:** y aquí tiene el dinero.

cura, y éste aconsejó pedir el favor a Dios y merecerlo
con actos edificantes.

La madre propuso a su hijo que al llegar la Semana
Santa fuera en la procesión del Viernes con un hábito
5 de penitente, como hacían otros, arrastrando con los
pies descalzos dos cadenas atadas a los tobillos. Paco
se negó.[1] En años anteriores había visto a aquellos
penitentes. Las cadenas que llevaban atadas a los pies
tenían, al menos, seis metros de largas, y sonaban
10 sobre las losas o la tierra apelmazada de un modo
bronco y terrible. Algunos expiaban así quién sabe
qué pecados, y llevaban la cara descubierta por orden
del cura, para que todos los vieran. Otros iban sim-
plemente a pedir algún don, y preferían cubrirse el
15 rostro.

Cuando la procesión volvía a la iglesia, al oscurecer,
los penitentes sangraban por los tobillos, y al hacer
avanzar cada pie recogían el cuerpo sobre el lado
contrario y se inclinaban como bestias cansinas. Las
20 canciones de las beatas sobre aquel rumor de hierros
producían un contraste muy raro. Y cuando los penitentes entraban en el templo el ruido de las cadenas
resonaba más, bajo las bóvedas. Entretanto, en la
torre sonaban las matracas.

25 Paco recordaba que los penitentes viejos llevaban
siempre la cara descubierta.[2] Las mujerucas, al verlos
pasar, decían en voz baja cosas tremendas.

— Mira — decía la Jerónima —. Ahí va Juan el del
callejón de Santa Ana, el que robó a la viuda del sastre.

30 El penitente sudaba y arrastraba sus cadenas.
Otras mujeres se llevaban la mano a la boca, y decían:

[1] se negó: rehusó. [2] descubierta: sin esconder.

—Ése, Juan el de las vacas, es el que echó a su madre .polvos de solimán pa' heredarla.

El padre de Paco, tan indiferente a las cosas de religión, había decidido atarse las cadenas a los tobillos. Se cubrió con el hábito negro y la capucha y se ciñó a la cintura el cordón blanco. Mosén Millán no podía comprender, y dijo a Paco:

—No tiene mérito lo de tu padre porque lo hace para no tener que apalabrar [1] un mayoral en el caso de que tú tengas que ir al servicio.

Paco repitió aquellas palabras a su padre, y él, que todavía se curaba con sal y vinagre las lesiones de los tobillos, exclamó:

—Veo que a Mosén Millán le gusta hablar más de la cuenta.

Por una razón u otra, el hecho fue que Paco sacó en el sorteo uno de los números más altos, y que la alegría desbordaba en el hogar, y tenían que disimularla en la calle para no herir con ella a los que habían sacado números bajos.

Lo mejor de la novia de Paco, según los aldeanos, era su diligencia y laboriosidad. Por dos años antes de ser novios, Paco había pasado día tras día al ir al campo frente a la casa de la chica. Aunque era la primera hora del alba, las ropas de cama estaban ya colgadas en las ventanas, y la calle no sólo barrida y limpia, sino regada y fresca en verano. A veces veía también Paco a la muchacha. La saludaba al pasar, y ella respondía. A lo largo de dos años el saludo fue haciéndose un poco más expresivo. Luego cambia-

---

[1] apalabrar: contratar.

ron palabras sobre cosas del campo. En febrero, por ejemplo, ella preguntaba:

— ¿ Has visto ya las cotovías?

— No, pero no tardarán — respondía Paco — porque ya comienza a florecer la aliaga.

Algún día, con el temor de no hallarla en la puerta o en la ventana antes de llegar, se hacía Paco presente dando voces a las mulas y, si aquello no bastaba, cantando. Hacia la mitad del segundo año, ella — que se llamaba Águeda — lo miraba ya de frente, y le sonreía. Cuando había baile iba con su madre y sólo bailaba con Paco.

Más tarde hubo un incidente bastante sonado.[1] Una noche el alcalde prohibió rondar [2] al saber que había tres rondallas diferentes y rivales, y que podrían producirse violencias. A pesar de la prohibición salió Paco con los suyos, y la pareja de la guardia civil disolvió la ronda, y lo detuvo a él. Lo llevaban *a dormir a la cárcel*, pero Paco echó mano a los fusiles de los guardias y se los quitó. La verdad era que los guardias no podían esperar de Paco — amigo de ellos — una salida [3] así. Paco se fue con los dos rifles a casa. Al día siguiente todo el pueblo sabía lo ocurrido, y Mosén Millán fue a ver al mozo, y le dijo que el hecho era grave, y no sólo para él, sino para todo el vecindario.

— ¿ Por qué? — preguntaba Paco.

Recordaba Mosén Millán que había habido un caso parecido en otro pueblo, y que el gobierno condenó al municipio a estar sin guardia civil durante diez años.

[1] **sonado:** comentado. [2] **rondar.** *Es costumbre ir de una casa a otra, sobretodo para dar serenata.* [3] **salida:** acción.

— ¿Te das cuenta? — decía el cura, asustado.

— A mí no me importa estar sin guardia civil.

— No seas badulaque.[1]

— Digo la verdad, Mosén Millán.

— ¿Pero tú crees que sin guardia civil se podría sujetar a la gente? Hay mucha maldad en el mundo.

— No lo creo.

— ¿Y la gente de las cuevas?

— En lugar de traer guardia civil, se podían quitar las cuevas, Mosén Millán.

— Iluso.[2] Eres un iluso.

Entre bromas y veras el alcalde recuperó los fusiles y echó tierra al asunto. Aquel incidente dio a Paco cierta fama de mozo atrevido. A Águeda le gustaba, pero le daba una inseguridad temerosa.

Por fin, Águeda y Paco se dieron palabra de matrimonio. La novia tenía más nervio[3] que su suegra, y aunque se mostraba humilde y respetuosa, no se entendían bien. Solía decir la madre de Paco:

— Agua mansa. Ten cuidado, hijo, que es agua mansa.

Pero Paco lo echaba a broma. Celos de madre. Como todos los novios, rondó la calle por la noche, y la víspera de San Juan[4] llenó de flores y ramos verdes las ventanas, la puerta, el tejado y hasta la chimenea de la casa de la novia.

La boda fue como todos esperaban. Gran comida, música y baile. Antes de la ceremonia muchas camisas

---

[1] **badulaque**: persona estúpida. [2] **Iluso**: Engañado, soñador. [3] **tenía más nervio**. *Es decir que estaba inclinada a decir lo que pensaba.* [4] **la ... Juan**. *La noche antes del día de San Juan en los pueblos de España los novios acostumbran colocar flores y ramas en la ventana de las novias.*

blancas estaban ya manchadas de vino al obstinarse los campesinos en beber en bota.[1] Las esposas protestaban, y ellos decían riendo que había que emborrachar las camisas para darlas después a los pobres. Con 5 esa expresión — darlas a los pobres — se hacían la ilusión de que ellos no lo eran.

Durante la ceremonia, Mosén Millán hizo a los novios una plática. Le recordó a Paco que lo había bautizado y confirmado, y dado la primera comunión. 10 Sabiendo que los dos novios eran tibios en materia de religión, les recordaba también que la iglesia era la madre común y la fuente no sólo de la vida temporal, sino de la vida eterna. Como siempre, en las bodas algunas mujeres lloraban y se sonaban [2] ruidosa- 15 mente.

Mosén Millán dijo otras muchas cosas, y la última fue la siguiente: « Este humilde ministro del Señor ha bendecido vuestro lecho natal, bendice en este momento vuestro lecho nupcial — hizo en el aire la 20 señal de la Cruz —, y bendecirá vuestro lecho mortal, si Dios lo dispone así. *In nomine Patris et Filii* . . . » [3]

Eso del lecho mortal le pareció a Paco que no venía al caso. Recordó un instante los estertores de aquel pobre hombre a quien llevó la unción siendo niño. 25 (Era el único lecho mortal que había visto.) Pero el día no era para tristezas.

Terminada la ceremonia salieron. A la puerta les esperaba una rondalla de más de quince músicos con guitarras, bandurrias, requintos,[4] hierros y panderetas,

---

[1] **bota.** *Botella de cuero para el vino.* [2] **se sonaban:** se limpiaban las narices. [3] **In ... Filii ...:** En nombre del Padre y del Hijo ... [4] **bandurrias, requintos.** *Son instrumentos como pequeñas guitarras.*

que comenzó a tocar rabiosamente. En la torre, el cimbal [1] más pequeño volteaba.

Una mozuela decía viendo pasar la boda, con un cántaro en el anca:

— ¡Todas se casan, y yo, mira!

La comitiva fue a la casa del novio. Las consuegras [2] iban lloriqueando aún. Mosén Millán, en la sacristía, se desvistió de prisa para ir cuanto antes [3] a participar de la fiesta. Cerca de la casa del novio encontró al zapatero, vestido de gala. Era pequeño, y como casi todos los del oficio, tenía anchas caderas. Mosén Millán que tuteaba a todo el mundo, lo trataba a él de usted. Le preguntó si había estado en la casa de Dios.

— Mire, Mosén Millán. Si aquello es la casa de Dios, yo no merezco estar allí, y si no lo es, ¿para qué?

El zapatero encontró todavía antes de separarse del cura un momento para decirle algo de veras extravagante. Le dijo que sabía de buena tinta [4] que en Madrid el rey se tambaleaba, y que si caía, muchas cosas iban a caer con él. Como el zapatero olía a vino, el cura no le hizo mucho caso. El zapatero repetía con una rara alegría:

— En Madrid pintan bastos, [5] señor cura.

Podía haber algo de verdad, pero el zapatero hablaba fácilmente. Sólo había una persona que en eso se le pudiera igualar: la Jerónima.

---

[1] cimbal: campana pequeña. [2] consuegras: las madres del novio y de la novia. [3] cuanto antes: sin pérdida de tiempo. [4] de buena tinta: con seguridad. [5] pintan bastos. *Término del juego de cartas que significa que el que reparte da bastos, es decir, porras: una alusión a la revolución que se está preparando en Madrid.*

Era el zapatero como un viejo gato, ni amigo ni
enemigo de nadie, aunque con todos hablaba. Mosén
Millán recordaba que el periódico de la capital de la
provincia no disimulaba su alarma ante lo que pasaba
5 en Madrid. Y no sabía qué pensar.

Veía el cura a los novios solemnes, a los invitados
jóvenes ruidosos, y a los viejos discretamente alegres.
Pero no dejaba de pensar en las palabras del zapatero.
Éste se había puesto, según dijo, el traje que llevó en
10 su misma boda, y por eso olía a alcanfor. A su alrededor se agrupaban seis u ocho invitados, los menos
adictos a la parroquia. Debía estar hablándoles —
pensaba Mosén Millán — de la próxima caída del
rey y de que en Madrid *pintaban bastos*.

15 Comenzaron a servir vino. En una mesa había
pimientos en adobo, hígado de pollo y rabanitos en
vinagre para abrir el apetito. El zapatero se servía
mientras elegía entre las botellas que había al lado.
La madre del novio le dijo indicándole una:

20 — Este vino es de los que raspan.[1]

En la sala de al lado estaban las mesas. En la cocina,
la Jerónima arrastraba su pata reumática. Era ya
vieja, pero hacía reír a la gente joven:

— No me dejan salir de la cocina — decía — porque
25 tienen miedo de que con mi aliento se agríe el vino.
Pero me da igual.[2] En la cocina está lo bueno. Yo
también sé vivir. No me casé, pero por detrás de la
iglesia tuve todos los hombres que se me antojaban.
Soltera, soltera, pero con la llave en la gatera.[3]

---

[1] **raspan.** *Habla de vinos fuertes.* [2] **me da igual:** *no me importa.*
[3] **la llave en la gatera.** *Si deja la llave en la gatera puede entrar cual-
quiera, sobretodo algún amigo.*

Las chicas reían escandalizadas.

Entraba en la casa el señor Cástulo Pérez. Su presencia causó sensación porque no lo esperaban. Llegaba con dos floreros de porcelana envueltos en papel y cuidadosamente atados con una cinta. « No sé qué es esto — dijo dándoselos a la madre de la novia —. Cosas de la dueña. » Al ver al cura se le acercó:

— Mosén Millán, parece que en Madrid van a darle la vuelta a la tortilla.[1]

Del zapatero se podía dudar, pero refrendado [2] por el señor Cástulo, no. Y éste, que era hombre prudente, buscaba, al parecer, el arrimo de Paco el del Molino. ¿ Con qué fin? Había oído el cura hablar de elecciones. A las preguntas del cura, el señor Cástulo decía evasivo: « Un *runrún* [3] que corre. » Luego, dirigiéndose al padre del novio, gritó con alegría:

— Lo importante no es si ponen o quitan rey, sino saber si la rosada mantiene el tempero de las viñas. Y si no, que lo diga Paco.

— Bien que le importan a Paco las viñas en un día como hoy — dijo alguien.

Con sus apariencias simples, el señor Cástulo era un carácter fuerte. Se veía en sus ojos fríos y escrutadores. Al dirigirse al cura antes de decir lo que se proponía hacía un preámbulo: « Con los respetos debidos . . . » Pero se veía que esos respetos no eran muchos.

Iban llegando nuevos invitados y parecían estar ya todos.

---

[1] **van . . . tortilla.** *Las cosas van a cambiar. Una referencia a la revolución que se prepara.*   [2] **refrendado:** autorizado.   [3] **runrún:** rumor.

Sin darse cuenta habían ido situándose por jerarquías sociales. Todos de pie, menos el sacerdote, se alineaban contra el muro, alrededor de la sala. La importancia de cada cual — según las propiedades que tenía — determinaba su proximidad o alejamiento de la cabecera del cuarto en donde había dos mecedoras y una vitrina con mantones de Manila y abanicos de nácar, de los que la familia estaba orgullosa.

Al lado, en una mecedora, Mosén Millán. Cerca los novios, de pie, recibiendo los parabienes [1] de los que llegaban, y tratando con el dueño del único automóvil de alquiler que había en la aldea el precio del viaje hasta la estación del ferrocarril. El dueño del coche que tenía la contrata del servicio de correos decía que le prohibían llevar al mismo tiempo más de dos viajeros, y tenía uno apalabrado, de modo que serían tres si llevaba a los novios. El señor Cástulo intervino, y ofreció llevarlos en su automóvil. Al oír este ofrecimiento, el cura puso atención. No creía que Cástulo fuera tan amigo de la casa.

Aprovechando las idas y venidas de las mozas que servían, la Jerónima enviaba algún mensaje vejatorio [2] al zapatero, y éste explicaba a los más próximos:

— La Jerónima y yo tenemos un telégrafo amoroso.

En aquel momento una rondalla rompía a tocar en la calle. Alguien cantó:

> *En los ojos de los novios*
> *relucían dos luceros;*
> *ella es la flor de la ontina,*
> *y él es la flor del romero.*

[1] **parabienes:** felicitaciones. [2] **vejatorio:** insultante.

La segunda canción después de un largo espacio de alegre jota de baile volvía a aludir a la boda, como era natural:

> *Viva Paco el del Molino*
> *y Águeda la del buen garbo,*
> *que ayer eran sólo novios,*
> *y ahora son ya desposados.*

5

La rondalla siguió con la energía con que suelen tocar los campesinos de manos rudas y corazón caliente. Cuando creyeron que habían tocado bastante, fueron entrando. Formaron grupo al lado opuesto de la cabecera del salón, y estuvieron bebiendo y charlando. Después pasaron todos al comedor.

10

En la presidencia se instalaron los novios, los padrinos, Mosén Millán, el señor Cástulo y algunos otros labradores [1] acomodados.[2] El cura hablaba de la infancia de Paco y contaba sus diabluras, pero también su indignación contra los buhos que mataban por la noche a los gatos extraviados, y su deseo de obligar a todo el pueblo a visitar a los pobres de las cuevas y a ayudarles. Hablando de esto vio en los ojos de Paco una seriedad llena de dramáticas reservas, y entonces el cura cambió de tema, y recordó con benevolencia el incidente del revólver, y hasta sus aventuras en la plaza del agua.

15

20

25

No faltó en la comida la perdiz en adobo ni la trucha al horno, ni el capón relleno. Iban de mano en mano porrones, botas, botellas, con vinos de diferentes cosechas.[3]

[1] **labradores:** *unos que trabajan en la agricultura.* [2] **acomodados:** es decir, relativamente ricos. [3] **cosechas.** *Es decir, hechos en diferentes años.*

La noticia de la boda llegó al carasol, donde las viejas hilanderas bebieron a la salud de los novios el vino que llevaron la Jerónima y el zapatero. Éste se mostraba más alegre y libre de palabra que otras
5 veces, y decía que los curas son las únicas personas a quienes todo el mundo llama padre, menos sus hijos, que los llaman tíos.

Las viejas aludían a los recién casados:

— Frescas están ya las noches.

10 — Lo propio para dormir con compañía.

Una decía que cuando ella se casó había nieve hasta la rodilla.

— Malo para el novio — dijo otra.

— ¿ Por qué?

15 — Porque tendría sus noblezas escondidas en los riñones, con la helada.[1]

— Eh, tú, culo de hanega.[2] Cuando enviudes, échame un parte — gritó la Jerónima.

El zapatero, con más deseos de hacer reír a la gente
20 que de insultar a la Jerónima, fue diciéndole una verdadera letanía de desvergüenzas:

— Cállate, penca del diablo, pata de afilador, albarda, zurupeta, tía chamusca, estropajo. Cállate, que te traigo una buena noticia: su Majestad el rey
25 va envidao y se lo lleva la trampa.[3]

— ¿ Y a mí qué?[4]

— Que en la república no empluman[5] a las brujas.

[1] **sus ... helada.** *Los campesinos acostumbran hablar de la noche nupcial con bastante realismo.* [2] **culo de hanega.** *Expresión muy cruda como es costumbre con la Jerónima y le contesta el zapatero con otras crudezas.* [3] **el rey ... trampa.** *Expresión del juego de cartas. Significa que el rey ha hecho una apuesta y que la pierde.* [4] **¿ Y a mí qué?** *¿ Qué me importa?* [5] **no empluman:** *no pegan plumas, una referencia a la fama de bruja que tiene la Jerónima.*

Ella decía de sí misma que volaba en una escoba, pero no permitía que se lo dijeran los demás. Iba a responder cuando el zapatero continuó:

— Te lo digo a ti, zurrapa, trotona, chirigaita, mochilera, trasgo, pendón, zancajo, pinchatripas, ojisucia, mocarra, fuina . . .[1]

La ensalmadora se apartaba mientras él la seguía con sus dicharachos. Las viejas del carasol reventaban de risa, y antes de que llegaran las reacciones de la Jerónima, que estaba confusa, decidió el zapatero retirarse victorioso. Por el camino tendía la oreja a ver lo que decían detrás. Se oía la voz de la Jerónima:

— ¿ Quién iba a decirme que ese monicaco [2] tenía tantas *dijendas* en el estómago?

Y volvían a hablar de los novios. Paco era el mozo *mejor plantao* [3] del pueblo, y se había llevado la novia que merecía. Volvían a aludir a la noche de novios con expresiones salaces.

Siete años después, Mosén Millán recordaba la boda sentado en el viejo sillón de la sacristía. No abría los ojos para evitarse la molestia de hablar con don Valeriano, el alcalde. Siempre le había sido difícil entenderse con él porque aquel hombre no escuchaba jamás.

Se oían en la iglesia las botas de campo de don Gumersindo. No había en la aldea otras botas como aquellas, y Mosén Millán supo que era él mucho antes de llegar a la sacristía. Iba vestido de negro, y al ver al cura con los ojos cerrados, habló en voz baja para saludar a don Valeriano. Pidió permiso para

---

[1] **zurrapa ... fuina.** *Otras expresiones despectivas del zapatero.*
[2] **monicaco:** hombre con la cara de un mono. [3] **plantao:** establecido.

fumar, y sacó la petaca. Entonces, Mosén Millán abrió los ojos.

— ¿ Ha venido alguien más? — preguntó.

— No, señor — dijo don Gumersindo disculpándose como si tuviera él la culpa —. No he visto como el que dice un alma en la iglesia.

Mosén Millán parecía muy fatigado, y volvió a cerrar los ojos y a apoyar la cabeza en el muro. En aquel momento entró el monaguillo, y don Gumersindo le preguntó:

— Eh, zagal. ¿ Sabes por quién es hoy la misa?

El chico recurrió al romance en lugar de responder:

— *Ya lo llevan cuesta arriba*
camino del camposanto . . .

— No lo digas todo, zagal, porque aquí, el alcalde, te llevará a la cárcel.

El monaguillo miró a don Valeriano, asustado. Éste, con la vista perdida en el techo, dijo:

— Cada broma quiere [1] su tiempo y lugar.

Se hizo un silencio penoso. Mosén Millán abrió los ojos otra vez, y se encontró con los de don Gumersindo, que murmuraba:

— La verdad es que no sé si sentirme [2] con lo que dice.

El cura intervino diciendo que no había razón para *sentirse.* Luego ordenó al monaguillo que saliera a la plaza a ver si había gente esperando para la misa. Solía quedarse allí algún grupo hasta que las campanas acababan de tocar. Pero el cura quería evitar que el

---

[1] **quiere:** necesita.   [2] **sentirme:** es decir, sentirme ofendido.

monaguillo dijera la parte del romance en la que se hablaba de él:

> *aquel que lo bautizara,*[1]
> *Mosén Millán el nombrado,*
> *en confesión desde el coche* 5
> *le escuchaba los pecados.*

Estaba don Gumersindo siempre hablando de su propia bondad — *como el que dice* — y de la gente desagradecida que le devolvía mal por bien. Eso le parecía especialmente adecuado delante del cura y 10 de don Valeriano en aquel momento. De pronto tuvo un arranque generoso:

— Mosén Millán. ¿Me oye, señor cura? Aquí hay dos duros para la misa de hoy.

El sacerdote abrió los ojos, somnolente, y advirtió 15 que el mismo ofrecimiento había hecho don Valeriano, pero que le gustaba decir la misa sin que nadie la pagara. Hubo un largo silencio. Don Valeriano arrollaba su cadena en el dedo índice y luego la dejaba resbalar. Los dijes sonaban. Uno tenía un rizo de 20 pelo de su difunta esposa. Otro, una reliquia del santo P. Claret[2] heredada de su bisabuelo. Hablaba en voz baja de los precios de la lana y del cuero, sin que nadie le contestara.

Mosén Millán, con los ojos cerrados, recordaba 25 aún el día de la boda de Paco. En el comedor, una señora había perdido un pendiente, y dos hombres andaban a cuatro manos buscándolo. Mosén Millán

---

[1] **bautizara.** *En dialectos del español se usa mucho esta forma del verbo con el significado en latín de un pluscuamperfecto. Es lo mismo aquí que* había bautizado. [2] **P. Claret.** *Padre Claret fue famoso en la corte de Isabel II por su influencia sobre ella.*

pensaba que en las bodas siempre hay una mujer a quien se le cae un pendiente, y lo busca, y no lo encuentra.

La novia, perdida la palidez de la primera hora de la mañana — por el insomnio de la noche anterior — había recobrado sus colores. De vez en cuando consultaba el novio la hora. Y a media tarde se fueron a la estación conducidos por el mismo señor Cástulo.

La mayor parte de los invitados habían salido a la calle a despedir a los novios con vítores y bromas. Muchos desde allí volvieron a sus casas. Los más jóvenes fueron al baile.

Se entretenía Mosén Millán con aquellas memorias para evitar oír lo que decían don Gumersindo y don Valeriano, quienes hablaban, como siempre, sin escucharse el uno al otro.

Tres semanas después de la boda volvieron Paco y su mujer, y el domingo siguiente se celebraron elecciones. Los nuevos concejales eran jóvenes, y con excepción de alguno, según don Valeriano, gente baja. El padre de Paco vio de pronto que todos los que con él habían sido elegidos se consideraban contrarios al duque y *echaban roncas* [1] contra el sistema de arrendamientos de pastos. Al saber esto Paco el del Molino, se sintió feliz, y creyó por vez primera que la política valía para algo « Vamos a quitarle la hierba al duque », repetía.

El resultado de la elección dejó a todos un poco extrañados. El cura estaba perplejo. Ni uno solo de los concejales se podía decir que fuera hombre de costumbres religiosas. Llamó a Paco, y le preguntó:

---

[1] *echaban roncas:* criticaban fuertemente.

— ¿Qué es eso que me han dicho de los montes del duque?

— Nada — dijo Paco —. La verdad. Vienen tiempos nuevos, Mosén Millán.

— ¿Qué novedades son esas? 5

— Pues que el rey se va con la música a otra parte, y lo que yo digo: buen viaje.

Pensaba Paco que el cura le hablaba a él porque no se atrevía a hablarle de aquello a su padre. Añadió:

— Diga la verdad, Mosén Millán. Desde aquel día 10 que fuimos a la cueva a llevar el santolio sabe usted que yo y otros cavilamos para remediar esa vergüenza. Y más ahora que se ha presentado la ocasión.

— ¿Qué ocasión? Eso se hace con dinero. ¿De dónde vais a sacarlo? 15

— Del duque. Parece que a los duques les ha llegado su San Martín.[1]

— Cállate, Paco. Yo no digo que el duque tenga siempre razón. Es un ser humano tan falible como los demás, pero hay que andar en estas cosas con pies de 20 plomo,[2] y no alborotar a la gente ni remover las bajas pasiones.

Las palabras del joven fueron comentadas en el carasol. Decían que Paco había dicho al cura: « A los reyes, a los duques y a los curas los vamos a pasar a 25 cuchillo,[3] como a los cerdos por San Martín. » En el carasol siempre se exageraba.

Se supo de pronto que el rey había huído de España. La noticia fue tremenda para don Valeriano y para

---

[1] **ha ... Martín.** *El día de San Martín (11 de noviembre) es cuando matan los cerdos.* [2] **con ... plomo:** despacio. [3] **pasar a cuchillo:** es matar, cortándole a uno la cabeza.

el cura. Don Gumersindo no quería creerla, y decía que eran cosas del zapatero. Mosén Millán estuvo dos semanas sin salir de la abadía, yendo a la iglesia por la puerta del huerto y evitando hablar con nadie. 5 El primer domingo fue mucha gente a misa esperando la reacción de Mosén Millán, pero el cura no hizo la menor alusión. En vista de esto el domingo siguiente estuvo el templo vacío.

Paco buscaba al zapatero, y lo encontraba taciturno 10 y reservado.

Entretanto, la bandera tricolor [1] flotaba al aire en el balcón de la casa consistorial y encima de la puerta de la escuela. Don Valeriano y don Gumersindo no aparecían por ningún lado, y Cástulo buscaba a Paco, 15 y se exhibía con él, pero jugaba con dos barajas,[2] y cuando veía al cura le decía en voz baja:

— ¿ A dónde vamos a parar, Mosén Millán ?

Hubo que repetir la elección en la aldea porque había habido incidentes que, a juicio de don Vale- 20 riano, la hicieron ilegal. En la segunda elección el padre de Paco cedió el puesto a su hijo. El muchacho fue elegido.

En Madrid suprimieron los *bienes de señorío*,[3] de origen medioeval y los incorporaron a los municipios. 25 Aunque el duque alegaba que sus montes no entraban en aquella clasificación, las cinco aldeas acordaron, por iniciativa de Paco, no pagar mientras los tribunales decidían. Cuando Paco fue a decírselo a don

---

[1] **bandera tricolor.** *Cuando se proclamó la república en 1931 añadieron púrpura a los colores amarillo y rojo de la bandera de la monarquía. (Hoy día se ha suprimido la púrpura.)* [2] **jugaba ... barajas:** procedía con duplicidad. [3] **bienes de señorío.** *Son los terrenos concedidos por el rey con el título de nobleza.*

Valeriano, éste se quedó un rato mirando al techo y jugando con el guardapelo de la difunta. Por fin se negó a darse por enterado,[1] y pidió que el municipio se lo comunicara por escrito.

La noticia circuló por el pueblo. En el carasol se decía que Paco había amenazado a don Valeriano. Atribuían a Paco todas las arrogancias y desplantes [2] a los que no se atrevían los demás. Querían en el carasol a la familia de Paco y a otras del mismo tono [3] cuyos hombres, aunque tenían tierras, trabajaban de sol a sol. Las mujeres del carasol iban a misa, pero se divertían mucho con la Jerónima cuando cantaba aquella canción que decía:

el cura le dijo al ama
que se acostara a los pies.

No se sabía exactamente lo que planeaba el ayuntamiento « en favor de los que vivían en las cuevas », pero la imaginación de cada cual trabajaba, y las esperanzas de la gente humilde crecían. Paco había tomado muy en serio el problema, y las reuniones del municipio no trataban de otra cosa.

Paco envió a don Valeriano el acuerdo del municipio, y el administrador lo transmitió a su amo. La respuesta telegráfica del duque fue la siguiente: *Doy orden a mis guardas de que vigilen mis montes, y disparen sobre cualquier animal o persona que entre en ellos. El municipio debe hacerlo pregonar para evitar la pérdida de bienes o de vidas humanas.* Al leer esta respuesta, Paco propuso al alcalde que los guardas fueran desti-

[1] **darse por enterado:** considerarse informado. [2] **desplantes.** *Son dichos o actos irrespetuosos.* [3] **tono:** clase.

tuídos, y que les dieran un cargo mejor retribuído en el sindicato de riegos, en la huerta. Estos guardas no eran más que tres, y aceptaron contentos. Sus carabinas fueron a parar a un rincón del salón de sesiones, 5 y los ganados del pueblo entraban en los montes del duque sin dificultad.

Don Valeriano, después de consultar varias veces con Mosén Millán, se arriesgó a llamar a Paco, quien acudió a su casa. Era la de don Valeriano grande y 10 sombría, con balcones volados y puerta cochera. Don Valeriano se había propuesto ser conciliador y razonable, y lo invitó a merendar. Le habló del duque de una manera familiar y ligera. Sabía que Paco solía acusarlo de no haber estado nunca en la aldea, y eso 15 no era verdad. Tres veces había ido en los últimos años a ver sus propiedades, pero no hizo noche en aquel pueblo, sino en el de al lado. Y aun se acordaba don Valeriano de que cuando el señor duque y la señora duquesa hablaban con el guarda más viejo, 20 y éste escuchaba con el sombrero en la mano, sucedió una ocurrencia memorable. La señora duquesa le preguntaba al guarda por cada una de las personas de su familia, y al preguntarle por el hijo mayor, don Valeriano se acordaba de las mismas palabras del 25 guarda, y las repetía:

— ¿ Quién, Miguel? — dijo el guarda —. ¡ Tóquele vuecencia los c. . . a Miguelico,[1] que está en Barcelona ganando nueve pesetas diarias !

Don Valeriano reía. También rio Paco, aunque de 30 pronto se puso serio, y dijo:

---

[1] ¡ **Tóquele . . . Miguelico !** *Frase algo obscena con que el guarda expresa su orgullo paternal.*

— La duquesa puede ser buena persona, y en eso no me meto. Del duque he oído cosas de más y de menos. Pero nada tiene que ver [1] con nuestro asunto.

Don Valeriano dijo:

— Eso es verdad. Pues bien, yendo al asunto, parece que el señor duque está dispuesto a negociar con usted.

— ¿Sobre el monte? — don Valeriano afirmó con el gesto —. No hay que negociar, sino bajar la cabeza.[2]

Don Valeriano no decía nada, y Paco se atrevió a añadir:

— Parece que el duque templa muy a lo antiguo.[3]

Seguía don Valeriano en silencio, mirando al techo.

— Otra jota cantamos por aquí — añadió Paco.

Por fin habló don Valeriano:

— Hablas de bajar la cabeza. ¿Quién va a bajar la cabeza? Sólo la bajan los cabestros.[4]

— Y los hombres honrados cuando hay una ley.

— Ya lo veo, pero el abogado del señor duque piensa de otra manera. Y hay leyes y leyes.

Paco se sirvió vino diciendo entre dientes: *con permiso*. Esta pequeña libertad ofendió a don Valeriano, quien sonrió, y dijo: *sírvase*, cuando Paco había llenado ya su vaso.

Volvió Paco a preguntar:

— ¿De qué manera va a negociar el duque? No hay más que dejar los montes, y no volver a pensar en el asunto.

---

[1] **nada ... ver:** no tiene relación. [2] **bajar la cabeza:** aceptar. [3] **templa ... antiguo.** *Es decir, que procede según las antiguas tradiciones.* [4] **cabestro.** *Es el buey domesticado cuya función principal es guiar los toros bravos cuando es necesario llevarlos de una parte a otra.*

Don Valeriano miraba el vaso de Paco, y se atusaba despacio los bigotes, que estaban tan lamidos y redondeados, que parecían postizos. Paco murmuró:

— Habría que ver qué papeles tiene el duque sobre
5 esos montes. ¡ Si es que tiene alguno !

Don Valeriano estaba irritado:

— También en eso te equivocas. Son muchos siglos de usanza, y eso tiene fuerza. No se deshace en un día lo que se ha hecho en cuatrocientos años. Los
10 montes no son botellicas de vino — añadió viendo que Paco volvía a servirse —, sino fuero. Fuero de reyes.

— Lo que hicieron los hombres, los hombres lo deshacen, creo yo.

15 — Sí, pero de hombres a hombres va algo.[1]

Paco negaba con la cabeza.

— Sobre este asunto — dijo bebiendo el segundo vaso y chascando la lengua — dígale al duque que si tiene tantos derechos, puede venir a defenderlos él
20 mismo, pero que traiga un rifle nuevo, porque los de los guardas los tenemos nosotros.

— Paco, parece mentira. ¿ Quién iba a pensar que un hombre con un jaral y un par de mulas tuviera aliento para hablar así ? Después de esto no me queda
25 nada que ver en el mundo.

Terminada la entrevista, cuyos términos comunicó don Valeriano al duque, éste volvió a enviar órdenes, y el administrador, cogido entre dos fuegos, no sabía qué hacer, y acabó por marcharse del pueblo después
30 de ver a Mosén Millán, contarle a su manera lo sucedido y decirle que el pueblo se gobernaba por las

---

[1] **de ... algo:** hay diferencias entre hombres.

dijendas del carasol. Atribuía a Paco amenazas e insultos e insistía mucho en aquel detalle de la botella y el vaso. El cura unas veces le escuchaba y otras no.

Mosén Millán movía la cabeza con lástima recordando todo aquello desde su sacristía. Volvía el monaguillo a apoyarse en el quicio de la puerta, y como no podía estar quieto, frotaba una bota contra la otra, y mirando al cura recordaba todavía el romance:

> *Entre cuatro lo llevaban*
> *adentro del camposanto,*
> *madres, las que tenéis hijos,*
> *Dios os los conserva sanos,*
> *y el Santo Ángel de la Guarda . . .*

El romance hablaba luego de otros reos que murieron también entonces, pero el monaguillo no se acordaba de los nombres. Todos habían sido asesinados en aquellos mismos días. Aunque el romance no decía eso, sino *ejecutados*.

Mosén Millán recordaba. En los últimos tiempos la fe religiosa de don Valeriano se había debilitado bastante. Solía decir que un Dios que permitía lo que estaba pasando, no merecía tantos miramientos.[1] El cura le oía fatigado. Don Valeriano había regalado años atrás una verja de hierro de forja para la capilla del Cristo, y el duque había pagado los gastos de reparación de la bóveda del templo dos veces. Mosén Millán no conocía el vicio de la ingratitud.

En el carasol se decía que con el arriendo de pastos, cuyo dinero iba al municipio, se hacían planes para

---

[1] **miramientos**: es decir, respeto.

mejorar la vida de la aldea. Bendecían a Paco el del
Molino, y el elogio más frecuente entre aquellas
viejecillas del carasol era decir que *los tenía bien puestos*.[1]

En el pueblo de al lado estaban canalizando el agua
5 potable y llevándola hasta la plaza. Paco el del
Molino tenía otro plan — su pueblo no necesitaba ya
aquella mejora —, y pensaba en las cuevas, a cuyos
habitantes imaginaba siempre agonizando entre estertores, sin luz, ni fuego, ni agua. Ni siquiera aire que
10 respirar.

En los terrenos del duque había una ermita cuya
festividad se celebraba un día del verano, con romería.
Los romeros hacían ese día regalos al sacerdote, y el
municipio le pagaba la misa. Aquel año se desentendió
15 el alcalde, y los campesinos siguieron su ejemplo.
Mosén Millán llamó a Paco, quien le dijo que todo
obedecía a un acuerdo del ayuntamiento.

— ¿ El ayuntamiento, dices? ¿ Y qué es el ayuntamiento? — preguntaba el cura, irritado.

20 Paco sentía ver a Mosén Millán tan fuera de sí,[2] y
dijo que como aquellos terrenos de la ermita habían
sido del duque, y la gente estaba contra él, se comprendía la frialdad del pueblo con la romería. Mosén
Millán dijo en un momento de pasión:

25 — ¿ Y quién eres tú para decirle al duque que si
viene a los montes, no dará más de tres pasos porque
lo esperarás con la carabina de uno de los guardas?
¿ No sabes que eso es una amenaza criminal?

Paco no había dicho nada de aquello. Don Valeriano
30 mentía. Pero el cura no quería oír las razones de Paco.

---

[1] **los . . . puestos.** *Una alusión a su masculinidad.*   [2] **fuera de sí: es
decir, enojado.**

En aquellos días el zapatero estaba nervioso y desorientado. Cuando le preguntaban, decía:

— Tengo barruntos.[1]

Se burlaban de él en el carasol, pero el zapatero decía:

— Si el cántaro da en[2] la piedra, o la piedra en el cántaro, mal para el cántaro.

Esas palabras misteriosas no aclaraban gran cosa la situación. El zapatero se había pasado la vida esperando aquello, y al verlo llegar, no sabía qué pensar ni qué hacer. Algunos concejales le ofrecieron el cargo de juez de riegos — para resolver los problemas de competencia en el uso de las aguas de la acequia principal.

— Gracias — dijo él —, pero yo me atengo al refrán[3] que dice: zapatero a tus zapatos.

Poco a poco se fue acercando al cura. El zapatero tenía que estar contra el que mandaba, no importaba la doctrina o el color. Don Gumersindo se había marchado también a la capital de la provincia, lo que molestaba bastante al cura. Éste decía:

— Todos se van, pero yo, aunque pudiera, no me iría. Es una deserción.

A veces el cura parecía tratar de entender a Paco, pero de pronto comenzaba a hablar de la falta de respeto de la población y de su propio martirio. Sus discusiones con Paco siempre acababan en eso: en ofrecerse como víctima propiciatoria. Paco reía:

— Pero si nadie quiere matarle, Mosén Millán.

La risa de Paco ponía al cura frenético, y dominaba sus nervios con dificultad.

[1] **barruntos**: presentimientos.   [2] **da en**: es pegar, golpear.   [3] **me ...**
refrán: *es ajustarse al refrán.*

Cuando la gente comenzaba a olvidarse de don Valeriano y don Gumersindo, éstos volvieron de pronto a la aldea. Parecían seguros de sí, y celebraban conferencias con el cura, a diario. El señor Cástulo se 5 acercaba, curioso, pero no podía averiguar nada. No se fiaban de él.

Un día del mes de julio la guardia civil de la aldea se marchó con órdenes de concentrarse — según decían — en algún lugar a donde acudían las fuerzas 10 de todo el distrito. Los concejales sentían alguna amenaza en el aire, pero no podían concretarla.[1]

Llegó a la aldea un grupo de señoritos con vergas [2] y con pistolas. Parecían personas de poco más o menos,[3] y algunos daban voces histéricas. Nunca 15 habían visto gente tan desvergonzada. Normalmente a aquellos tipos rasurados y finos como mujeres los llamaban en el carasol *pijaitos*,[4] pero lo primero que hicieron fue dar una paliza tremenda al zapatero, sin que le valiera para nada su neutralidad. Luego mata-20 ron a seis campesinos — entre ellos cuatro de los que vivían en las cuevas — y dejaron sus cuerpos en las cunetas de la carretera entre el pueblo y el carasol. Como los perros acudían a lamer la sangre, pusieron a uno de los guardas del duque de vigilancia para ale-25 jarlos. Nadie preguntaba. Nadie comprendía. No había guardias civiles que salieran al paso de los forasteros.

En la iglesia, Mosén Millán anunció que estaría *El Santísimo* expuesto día y noche, y después protestó

---

[1] **concretarla**: formar ideas concretas de ella. [2] **vergas**. *Son palos que usa la policía.* [3] **personas ... menos**: gente poco estimada. [4] **pijaitos**. *Palabra aragonesa despectiva con la que la clase baja se refiere a la clase alta.*

ante don Valeriano — al que los señoritos habían hecho alcalde — de que hubieran matado a los seis campesinos sin darles tiempo para confesarse. El cura se pasaba el día y parte de la noche rezando.

El pueblo estaba asustado, y nadie sabía qué hacer. La Jerónima iba y venía, menos locuaz que de costumbre. Pero en el carasol insultaba a los señoritos forasteros, y pedía para ellos tremendos castigos. Esto no era obstáculo para que cuando veía al zapatero le hablara de leña, de *bandeo*, de varas de medir y de otras cosas que aludían a la paliza. Preguntaba por Paco, y nadie sabía darle razón.[1] Había desaparecido, y lo buscaban, eso era todo.

Al día siguiente de haberse burlado la Jerónima del zapatero, éste apareció muerto en el camino del carasol con *la cabeza volada*. La pobre mujer fue a ponerle encima una sábana, y después se encerró en su casa, y estuvo tres días sin salir. Luego volvió a asomarse a la calle poco a poco, y hasta se acercó al carasol, donde la recibieron con reproches e insultos. La Jerónima lloraba (nadie la había visto llorar nunca), y decía que merecía que la mataran a pedradas, como a una culebra.

Pocos días más tarde, en el carasol, la Jerónima volvía a sus bufonadas mezclándolas con juramentos y amenazas.

Nadie sabía cuándo mataban a la gente. Es decir, lo sabían, pero nadie los veía. Lo hacían por la noche, y durante el día el pueblo parecía en calma.

Entre la aldea y el carasol habían aparecido abandonados cuatro cadáveres más, los cuatro de concejales.

---

[1] **darle razón**: darle los detalles que buscaba.

Muchos de los habitantes estaban fuera de la aldea segando. Sus mujeres seguían yendo al carasol, y repetían los nombres de los que iban cayendo. A veces rezaban, pero después se ponían a insultar con
5 voz recelosa a las mujeres de los ricos, especialmente a la Valeriana y a la Gumersinda. La Jerónima decía que la peor de todas era la mujer de Cástulo, y que por ella habían matado al zapatero.

— No es verdad — dijo alguien —. Es porque el
10 zapatero dicen que era agente de Rusia.

Nadie sabía qué era la Rusia, y todas pensaban en la yegua roja [1] de la tahona, a la que llamaban así. Pero aquello no tenía sentido. Tampoco lo tenía nada de lo que pasaba en el pueblo. Sin atreverse a levantar
15 la voz comenzaban con sus *dijendas:*

— La Cástula es una verruga peluda.

— Una estaferma. [2]

La Jerónima no se quedaba atrás:

— Un escorpión cebollero.

20 — Una liendre sebosa.

— Su casa — añadía la Jerónima — huele a fogón meado.

Había oído decir que aquellos señoritos de la ciudad iban a matar a todos los que habían votado contra
25 el rey. La Jerónima, en medio de la catástrofe, percibía algo mágico y sobrenatural, y sentía en todas partes el olor de sangre. Sin embargo, cuando desde el carasol oía las campanas y a veces el yunque del herrero haciendo contrapunto, no podía evitar algún meneo

---

[1] **yegua roja.** *El color rojo es* rosso *o* russo *en algunos dialectos romances.* [2] **estaferma.** *Figura o persona que no se mueve y está como boba.*

y bandeo [1] de sayas. Luego maldecía otra vez, y llamaba *patas puercas* a la Gumersinda. Trataba de averiguar qué había sido de Paco el del Molino, pero nadie sabía sino que lo buscaban. La Jerónima se daba por enterada, y decía:

— A ese buen mozo no lo atraparán así como así.

Aludía otra vez a las cosas que había visto cuando de niño le cambiaba los pañales.

Desde la sacristía, Mosén Millán recordaba la horrible confusión de aquellos días, y se sentía atribulado y confuso. Disparos por la noche, sangre, malas pasiones, habladurías, procacidades de aquella gente forastera, que, sin embargo, parecía educada. Y don Valeriano se lamentaba de lo que sucedía y al mismo tiempo empujaba a los señoritos de la ciudad a matar más gente. Pensaba el cura en Paco. Su padre estaba en aquellos días en casa. Cástulo Pérez lo había garantizado diciendo que era *trigo limpio*. Los otros ricos no se atrevían a hacer nada contra él esperando echarle mano al hijo.

Nadie más que el padre de Paco sabía dónde su hijo estaba. Mosén Millán fue a su casa.

— Lo que está sucediendo en el pueblo — dijo — es horrible y no tiene nombre.

El padre de Paco lo escuchaba sin responder, un poco pálido. El cura siguió hablando. Vio ir y venir a la joven esposa como una sombra, sin reír ni llorar. Nadie lloraba y nadie reía en el pueblo. Mosén Millán pensaba que sin risa y sin llanto la vida podía ser horrible como una pesadilla.

[1] **meneo y bandeo.** *Se refiere al movimiento de la falda cuando da unos pasos de una danza.*

Por uno de esos movimientos en los que la amistad tiene a veces necesidad de mostrarse meritoria, Mosén Millán dio la impresión de que sabía dónde estaba escondido Paco. Dando a entender que lo sabía, el padre y la esposa tenían que agradecerle su silencio. No dijo el cura concretamente que lo supiera, pero lo dejó entender. La ironía de la vida quiso que el padre de Paco cayera en aquella trampa. Miró al cura pensando precisamente lo que Mosén Millán quería que pensara. « Si lo sabe, y no ha ido con el soplo, es un hombre honrado y enterizo. » Esta reflexión le hizo sentirse mejor.

A lo largo de la conversación el padre de Paco reveló el escondite del hijo, creyendo que no decía nada nuevo al cura. Al oírlo, Mosén Millán recibió una tremenda impresión. « Ah — se dijo —, más valdría que no me lo hubiera dicho. ¿ Por qué he de saber yo que Paco está escondido en las Pardinas ? » Mosén Millán tenía miedo, y no sabía concretamente de qué. Se marchó pronto, y estaba deseando verse ante los forasteros de las pistolas para demostrarse a sí mismo su entereza y su lealtad a Paco. Así fue. En vano estuvieron el centurión y sus amigos hablando con él toda la tarde. Aquella noche Mosén Millán rezó y durmió en una calma que hacía tiempo no conocía.

Al día siguiente hubo una reunión en el ayuntamiento, y los forasteros hicieron discursos y dieron grandes voces. Luego quemaron la bandera tricolor y obligaron a acudir a todos los vecinos del pueblo y a saludar levantando el brazo cuando lo mandaba el centurión. Éste era un hombre con cara bondadosa y gafas oscuras. Era difícil imaginar a aquel hombre matando a nadie. Los campesinos creían que aquellos hombres que hacían gestos innecesarios y juntaban los tacones y daban gritos estaban mal de la cabeza, pero viendo a Mosén Millán y a don Valeriano sentados en lugares de honor, no sabían qué pensar. Además de los asesinatos, lo único que aquellos hombres habían hecho en el pueblo era devolver los montes al duque.

Dos días después don Valeriano estaba en la abadía frente al cura. Con los dedos pulgares en las sisas del chaleco — lo que hacía más ostensibles los dijes — miraba al sacerdote a los ojos.

— Yo no quiero el mal de nadie, como quien dice, pero, ¿ no es Paco uno de los que más se han señalado? Es lo que yo digo, señor cura: por menos han caído otros.

Mosén Millán decía:

— Déjelo en paz. ¿ Para qué derramar más sangre?

Y le gustaba, sin embargo, dar a entender que sabía dónde estaba escondido. De ese modo mostraba al alcalde que era capaz de nobleza y lealtad. La verdad era que buscaban a Paco frenéticamente. Habían llevado a su casa perros de caza que *tomaron el viento* con sus ropas y zapatos viejos.

El centurión de la cara bondadosa y las gafas oscuras llegó en aquel momento con dos más, y habiendo oído las palabras del cura, dijo:

— No queremos reblandecidos mentales.[1] Estamos limpiando el pueblo, y el que no está con nosotros está en contra.

---

[1] **reblandecidos mentales.** *Sugiere que la persona que no está con ellos ha sufrido un ablandecimiento del cerebro.*

— ¿ Ustedes creen — dijo Mosén Millán — que soy un reblandecido mental?

Entonces todos se pusieron razonables.

— Las últimas ejecuciones — decía el centurión — se han hecho sin privar a los reos de nada. Han tenido hasta la extremaunción. ¿ De qué se queja usted?

Mosén Millán hablaba de algunos hombres honrados que habían caído, y de que era necesario acabar con aquella locura.

— Diga usted la verdad — dijo el centurión sacando la pistola y poniéndola sobre la mesa —. Usted sabe dónde se esconde Paco el del Molino.

Mosén Millán pensaba si el centurión habría sacado la pistola para amenazarle o sólo para aliviar su cinto de aquel peso. Era un movimiento que le había visto hacer otras veces. Y pensaba en Paco, a quien bautizó, a quien casó. Recordaba en aquel momento detalles nimios, como los buhos nocturnos y el olor de las perdices en adobo. Quizá de aquella respuesta dependiera la vida de Paco. Lo quería mucho, pero sus afectos no eran por el hombre en sí mismo, sino *por Dios*. Era el suyo un cariño por encima de la muerte y la vida. Y no podía mentir.

— ¿ Sabe usted dónde se esconde? — le preguntaban a un tiempo los cuatro.

Mosén Millán contestó bajando la cabeza. Era una afirmación. Podía ser una afirmación. Cuando se dio cuenta era tarde. Entonces pidió que le prometieran que no lo matarían. Podrían juzgarlo, y si era culpable de algo, encarcelarlo, pero no cometer un crimen más. El centurión de la expresión bondadosa prometió. Entonces Mosén Millán reveló el escondite de Paco. Quiso hacer después otras salvedades en su favor, pero no le escuchaban. Salieron en tropel, y el cura se quedó solo. Espantado de sí mismo, y al mismo tiempo con un sentimiento de liberación, se puso a rezar.

Media hora después llegaba el señor Cástulo diciendo que el carasol se había acabado porque los señoritos de la ciudad habían echado dos rociadas de ametralladora, y algunas mujeres cayeron, y las otras salieron chillando y dejando rastro de sangre, como una bandada de pájaros después de una perdigonada. Entre las que se salvaron estaba la Jerónima, y al decirlo, Cástulo añadió:

— Ya se sabe. Mala hierba . . . [1]

El cura, viendo reír a Cástulo, se llevó las manos a la cabeza, pálido. Y, sin embargo, aquel hombre no había denunciado, tal vez, el escondite de nadie. ¿ De qué se escandalizaba? — se preguntaba el cura con horror —. Volvió a rezar. Cástulo seguía hablando y decía que había once o doce mujeres heridas, además de las que habían muerto en el mismo carasol. Como el médico estaba encarcelado, no era fácil [2] que se curaran todas.

Al día siguiente el centurión volvió sin Paco. Estaba indignado. Dijo que al ir a entrar en las Pardinas el fugitivo los había recibido a tiros. Tenía una carabina de las de los guardas de montes, y acercarse a las Pardinas era arriesgar la vida.

Pedía al cura que fuera a parlamentar con Paco. Había dos hombres de la centuria heridos, y no quería que se arriesgara ninguno más.

[1] Mala hierba . . . Mala hierba nunca muere. [2] fácil: probable.

Un año después Mosén Millán recordaba aquellos episodios como si los hubiera vivido el día anterior. Viendo entrar en la sacristía al señor Cástulo — el que un año antes se reía de los crímenes del carasol — volvió a entornar los ojos y a decirse a sí mismo. « Yo denuncié el lugar donde Paco se escondía. Yo fui a parlamentar con él. Y ahora . . . » Abrió los ojos, y vio a los tres hombres sentados enfrente. El del centro, don Gumersindo, era un poco más alto que los otros. Las tres caras miraban impasibles a Mosén Millán. Las campanas de la torre dejaron de tocar con tres golpes finales graves y espaciados, cuya vibración quedó en el aire un rato. El señor Cástulo dijo:

— Con los respetos debidos. Yo querría pagar la misa, Mosén Millán.

Lo decía echando mano al bolsillo. El cura negó, y volvió a pedir al monaguillo que saliera a ver si había gente. El chico salió, como siempre, con el romance en su recuerdo:

En las zarzas del camino
el pañuelo se ha dejado,
las aves pasan de prisa,
las nubes pasan despacio . . .

Cerró una vez más Mosén Millán los ojos, con el codo derecho en el brazo del sillón y la cabeza en la mano. Aunque había terminado sus rezos, simulaba seguir con ellos para que lo dejaran en paz. Don Valeriano y don Gumersindo explicaban a Cástulo al mismo tiempo y tratando cada uno de cubrir la voz del otro que también ellos habían querido pagar la misa.

El monaguillo volvía muy excitado, y sin poder decir a un tiempo todas las noticias que traía:

— Hay una mula en la iglesia — dijo, por fin.

— ¿Cómo?

— Ninguna persona, pero una mula ha entrado por alguna parte, y anda entre los bancos.

Salieron los tres, y volvieron para decir que no era una mula, sino el potro de Paco el del Molino, que solía andar suelto por el pueblo. Todo el mundo sabía que el padre de Paco estaba enfermo, y las mujeres de la casa, medio locas. Los animales y la poca hacienda[1] que les quedaba, abandonados.

— ¿Dejaste abierta la puerta del atrio cuando saliste? — preguntaba el cura al monaguillo.

Los tres hombres aseguraban que las puertas estaban cerradas. Sonriendo agriamente añadió don Valeriano:

— Esto es una maula.[2] Y una malquerencia.[3]

Se pusieron a calcular quién podía haber metido el potro en la iglesia. Cástulo hablaba de la Jerónima. Mosén Millán hizo un gesto de fatiga, y les pidió que sacaran el animal del templo. Salieron los tres con el monaguillo. Formaron una ancha fila, y fueron acosando al potro con los brazos extendidos. Don Valeriano decía que aquello era un sacrilegio, y que tal vez habría que consagrar el templo de nuevo. Los otros creían que no.

Seguían acosando al animal. En una verja — la de la capilla del Cristo — un diablo de forja parecía hacer guiños. San Juan en su hornacina alzaba el dedo y mostraba la rodilla desnuda y femenina. Don

---

[1] **hacienda**: propiedades. [2] **maula**: engaño, burla. [3] **malquerencia**: mala voluntad.

Valeriano y Cástulo, en su excitación, alzaban la voz como si estuvieran en un establo:

¡ Riiia ! ¡ Riiia !

El potro corría por el templo a su gusto. Las
5 mujeres del carasol si el carasol existiera tendrían un buen tema de conversación. Cuando el alcalde y don Gumersindo acorralaban al potro éste brincaba entre ellos y se pasaba al otro lado con un alegre relincho. El señor Cástulo tuvo una idea feliz:
10 — Abran las hojas de la puerta como se hace para las procesiones. Así verá el animal que tiene la salida franca.

El sacristán corría a hacerlo contra el parecer de don Valeriano que no podía tolerar que donde estaba
15 él tuviera iniciativa alguna el señor Cástulo. Cuando las grandes hojas estuvieron abiertas el potro miró extrañado aquel torrente de luz. Al fondo del atrio se veía la plaza de la aldea, desierta, con una casa pintada de amarillo, otra encalada, con cenefas azules.
20 El sacristán llamaba al potro en la dirección de la salida. Por fin convencido el animal de que aquél no era su sitio, se marchó. El monaguillo recitaba todavía entre dientes:

> *. . . las cotovías se paran*
25 > *en la cruz del camposanto.*

Cerraron las puertas, y el templo volvió a quedar en sombras. San Miguel con su brazo desnudo alzaba la espada sobre el dragón. En un rincón chisporroteaba una lámpara sobre el baptisterio.
30 Don Valeriano, don Gumersindo y el señor Cástulo fueron a sentarse en el primer banco.

El monaguillo fue al presbiterio, hizo la genuflexión al pasar frente al sagrario y se perdió en la sacristía:

— Ya se ha marchado, Mosén Millán.

El cura seguía con sus recuerdos de un año antes. Los forasteros de las pistolas obligaron a Mosén Millán a ir con ellos a las Pardinas. Una vez allí dejaron que el cura se acercara solo.

— Paco — gritó con cierto temor —. Soy yo. ¿No ves que soy yo?

Nadie contestaba. En una ventana se veía la boca de una carabina. Mosén Millán volvió a gritar:

— Paco, no seas loco. Es mejor que te entregues.

De las sombras de la ventana salió una voz:

— Muerto, me entregaré. Apártese y que vengan los otros si se atreven.

Mosén Millán daba a su voz una gran sinceridad:

— Paco, en el nombre de lo que más quieras, de tu mujer, de tu madre. Entrégate.

No contestaba nadie. Por fin se oyó otra vez la voz de Paco:

— ¿Dónde están mis padres? ¿Y mi mujer?

— ¿Dónde quieres que estén? En casa.

— ¿No les ha pasado nada?

— No, pero, si tú sigues así, ¿quién sabe lo que puede pasar?

A estas palabras del cura volvió a suceder un largo silencio. Mosén Millán llamaba a Paco por su nombre, pero nadie respondía. Por fin, Paco se asomó. Llevaba la carabina en las manos. Se le veía fatigado y pálido.

— Contésteme a lo que le pregunte, Mosén Millán.

— Sí, hijo.

— ¿ Maté ayer a alguno de los que venían a buscarme?

— No.

— ¿ A ninguno? ¿ Está seguro?

5 — Que Dios me castigue si miento. A nadie.

Esto parecía mejorar las condiciones. El cura, dándose cuenta, añadió:

— Yo he venido aquí con la condición de que no te harán nada. Es decir, te juzgarán delante de un 10 tribunal, y si tienes culpa, irás a la cárcel. Pero nada más.

— ¿ Está seguro?

El cura tardaba en contestar. Por fin dijo:

— Eso he pedido yo. En todo caso, hijo, piensa en 15 tu familia y en que no merecen pagar por ti.

Paco miraba alrededor, en silencio. Por fin dijo:

— Bien, me quedan cincuenta tiros, y podría vender la vida cara. Dígales a los otros que se acerquen sin miedo, que me entregaré.

20 De detrás de una cerca se oyó la voz del centurión:

— Que tire la carabina por la ventana.

Obedeció Paco.

Momentos después lo habían sacado de las Pardinas, y lo llevaban a empujones y culatazos al pueblo. Le 25 habían atado las manos a la espalda. Andaba Paco cojeando mucho, y aquella cojera y la barba de quince días que le ensombrecía el rostro le daban una apariencia diferente. Viéndolo Mosén Millán le encontraba un aire culpable. Lo encerraron en la cárcel del 30 municipio.

Aquella misma tarde los señoritos forasteros obligaron a la gente a acudir a la plaza e hicieron discursos que nadie entendió, hablando del imperio y del destino inmortal y del orden y de la santa fe. Luego cantaron un himno con el brazo levantado y la mano extendida, y mandaron a todos retirarse a sus casas y no volver a salir hasta el día siguiente bajo amenazas graves.   5

Cuando no quedaba nadie en la plaza, sacaron a Paco y a otros dos campesinos de la cárcel, y los llevaron al cementerio, a pie. Al llegar era casi de noche. Quedaba detrás, en la aldea, un silencio temeroso.

El centurión, al ponerlos contra el muro, recordó   10 que no se habían confesado, y envió a buscar a Mosén Millán. Éste se extrañó de ver que lo llevaban en el coche del señor Cástulo. (Él lo había ofrecido a las nuevas autoridades.) El coche pudo avanzar hasta el lugar mismo de la ejecución. No se había atrevido   15 Mosén Millán a preguntar nada. Cuando vio a Paco, no sintió sorpresa alguna, sino un gran desaliento. Se confesaron los tres. Uno de ellos era un hombre que había trabajado en casa de Paco. El pobre, sin saber lo que hacía, repetía fuera de sí una vez y otra   20 entre dientes: « Yo me acuso, padre . . ., yo me acuso, padre . . . » El mismo coche del señor Cástulo servía de confesionario, con la puerta abierta y el sacerdote sentado dentro. El reo se arrodillaba en el estribo. Cuando Mosén Millán decía *ego te absolvo*,[1] dos hombres   25 arrancaban al penitente y volvían a llevarlo al muro.

El último en confesarse fue Paco.

— En mala hora lo veo a usted — dijo al cura con una voz que Mosén Millán no le había oído nunca.
— Pero usted me conoce, Mosén Millán. Usted sabe   30 quién soy.

[1] **ego te absolvo:** yo te perdono, *frase ritual.*

— Sí, hijo.

— Usted me prometió que me llevarían a un tribunal y me juzgarían.

— Me han engañado a mí también. ¿ Qué puedo 5 hacer? Piensa, hijo, en tu alma, y olvida, si puedes, todo lo demás.

— ¿ Por qué me matan? ¿ Qué he hecho yo? Nosotros no hemos matado a nadie. Diga usted que yo no he hecho nada. Usted sabe que soy inocente, que so- 10 mos inocentes los tres.

— Sí, hijo. Todos sois inocentes; pero, ¿ qué puedo hacer yo?

— Si me matan por haberme defendido en las Pardinas, bien. Pero los otros dos no han hecho nada.

15 Paco se agarraba a la sotana de Mosén Millán, y repetía: « No han hecho nada, y van a matarlos. No han hecho nada. » Mosén Millán, conmovido hasta las lágrimas, decía:

— A veces, hijo mío, Dios permite que muera un 20 inocente. Lo permitió de su propio Hijo, que era más inocente que vosotros tres.

Paco, al oír estas palabras, se quedó paralizado y mudo. El cura tampoco hablaba. Lejos, en el pueblo, se oían ladrar perros y sonaba una campana. Desde 25 hacía dos semanas no se oía sino aquella campana día y noche. Paco dijo con una firmeza desesperada:

— Entonces, si es verdad que no tenemos salvación, Mosén Millán, tengo mujer. Está esperando un hijo. ¿ Qué será de ella? ¿ Y de mis padres?

30 Hablaba como si fuera a faltarle el aliento, y le contestaba Mosén Millán con la misma prisa enloquecida, entre dientes. A veces pronunciaban las

palabras de tal manera, que no se entendían, pero había entre ellos una relación de sobrentendidos.[1] Mosén Millán hablaba atropelladamente de los designios de Dios, y al final de una larga lamentación preguntó:

— ¿Te arrepientes de tus pecados?

Paco no lo entendía. Era la primera expresión del cura que no entendía. Cuando el sacerdote repitió por cuarta vez, mecánicamente, la pregunta, Paco respondió que sí con la cabeza. En aquel momento Mosén Millán alzó la mano, y dijo: *Ego te absolvo in*...

Al oír estas palabras dos hombres tomaron a Paco por los brazos y lo llevaron al muro donde estaban ya los otros. Paco gritó:

— ¿Por qué matan a estos otros? Ellos no han hecho nada.

Uno de ellos vivía en una cueva, como aquel a quien un día llevaron la unción. Los faros del coche — del mismo coche donde estaba Mosén Millán — se encendieron, y la descarga sonó casi al mismo tiempo sin que nadie diera órdenes ni se escuchara voz alguna. Los otros dos campesinos cayeron, pero Paco, cubierto de sangre, corrió hacia el coche.

— Mosén Millán, usted me conoce — gritaba enloquecido.

Quiso entrar, no podía. Todo lo manchaba de sangre. Mosén Millán callaba, con los ojos cerrados y rezando. El centurión puso su revólver detrás de la oreja de Paco, y alguien dijo alarmado:

— No. ¡Ahí no!

[1] **había... sobrentendidos:** es decir, que se entendían uno y otro sin la necesidad de palabras.

Se llevaron a Paco arrastrando. Iba repitiendo en voz ronca:

— Pregunten a Mosén Millán; él me conoce.

Se oyeron dos o tres tiros más. Luego siguió un
5 silencio en el cual todavía susurraba Paco: «Él me denunció . . ., Mosén Millán. Mosén Millán . . . »

El sacerdote seguía en el coche, con los ojos muy abiertos, oyendo su nombre y sin poder rezar. Alguien había vuelto a apagar las luces del coche.

10 — ¿ Ya ? — preguntó el centurión.

Mosén Millán bajó y, auxiliado por el monaguillo, dio la extremaunción a los tres. Después un hombre le dio el reloj de Paco — regalo de boda de su mujer — y un pañuelo de bolsillo.

15 Regresaron al pueblo. A través de la ventanilla, Mosén Millán miraba al cielo y, recordando la noche en que con el mismo Paco fue a dar la unción a las cuevas, envolvía el reloj en el pañuelo, y lo conservaba cuidadosamente con las dos manos juntas. Seguía sin
20 poder rezar. Pasaron junto al carasol desierto. Las grandes rocas desnudas parecían juntar las cabezas y hablar. Pensando Mosén Millán en los campesinos muertos, en las pobres mujeres del carasol, sentía una especie de desdén involuntario, que al mismo tiempo
25 le hacía avergonzarse y sentirse culpable.

Cuando llegó a la abadía, Mosén Millán estuvo dos semanas sin salir sino para la misa. El pueblo entero estaba callado y sombrío, como una inmensa tumba. La Jerónima había vuelto a salir, e iba al carasol, ella
30 sola, hablando para sí. En el carasol daba voces cuando creía que no podían oírla, y otras veces callaba y se ponía a contar en las rocas las huellas de las balas.

Un año había pasado desde todo aquello, y parecía un siglo. La muerte de Paco estaba tan fresca, que Mosén Millán creía tener todavía manchas de sangre en sus vestidos. Abrió los ojos y preguntó al monaguillo:

— ¿Dices que ya se ha marchado el potro?

— Sí, señor.

Y recitaba en su memoria, apoyándose en un pie y luego en el otro:

> *. . . y rindió el postrer suspiro*
> *al Señor de lo creado. — Amén.*

En un cajón del armario de la sacristía estaban el reloj y el pañuelo de Paco. No se había atrevido Mosén Millán todavía a llevarlos a los padres y a la viuda del muerto.

Salió al presbiterio y comenzó la misa. En la iglesia no había nadie, con la excepción de don Valeriano, don Gumersindo y el señor Cástulo. Mientras recitaba Mosén Millán, *introibo ad altare Dei*, pensaba en Paco, y se decía: es verdad. Yo lo bauticé, yo le di la unción. Al menos — Dios lo perdone — nació, vivió y murió dentro de los ámbitos de la Santa Madre Iglesia. Creía oír su nombre en los labios del agonizante caído en tierra: « . . . Mosén Millán. » Y pensaba aterrado y enternecido al mismo tiempo: Ahora yo digo en sufragio de su alma esta misa de *réquiem*, que sus enemigos quieren pagar.

FIN

EJERCICIOS

Introducción y Prefacio

I. *Contestar.*

1. ¿Por qué es conocido Ramón Sender? 2. ¿Por qué se llama *Mosén Millán* una obra clásica? 3. ¿Por qué se sorprende el lector de que la obra sea serena? 4. ¿Quién es la figura central de la obra? 5. ¿Quién es Paco? 6. ¿Qué géneros cultiva Sender? 7. ¿Qué clase de novela es *La Tesis de Nancy?* 8. ¿Dónde ha trabajado Sender? 9. ¿Por qué se encuentra bien en Nuevo Méjico? 10. ¿Por qué es *Mosén Millán* una obra favorita del autor?

II. *Poner adjetivos adecuados:*

1. autor _____	11. tesis _____
2. obra _____	12. terreno _____
3. guerra _____	13. sobriedad _____
4. campesinos _____	14. sociedad _____
5. sacramentos _____	15. razones _____
6. víctimas _____	16. sacerdote _____
7. vejez _____	17. vida _____
8. generación _____	18. tragedia _____
9. análisis _____	19. carácter _____
10. letras _____	20. estudiante _____

PÁGINAS 1 A 4

I. *Contestar.*

1. ¿Quién estaba sentado en la sacristía? 2. ¿Qué es una sacristía? 3. ¿Quién entraba y salía? 4. ¿Cómo iba vestido

el muchacho? 5. ¿Qué caballo estaba en la plaza? 6. ¿Por qué se acordaba el muchacho de Paco? 7. ¿Qué hizo el pueblo de la muerte de Paco? 8. ¿Qué es un romance? 9. ¿Qué preguntaba siempre el cura al muchacho? 10. ¿Cómo disculpaba Mosén Millán al pueblo por su ausencia?

II. *Llenar los blancos con la palabra correcta:*
1. Las hojas secas parecían de ____.
2. Las ventanas ____ al pequeño huerto.
3. Un potro es un ____ ____.
4. La misa de *réquiem* se dice por los ____.
5. Para que la campana no suene, hay que sujetar el ____ de la ____.
6. El camposanto es donde murió ____.
7. Mosén Millán pone el santolio en los ____.
8. El cura rezaba entre ____.
9. Los zapatos del cura tenían el cuero ____.
10. La mañana del bautizo se presentó ____ y ____.

Páginas 5 a 8

I. *Contestar.*
1. ¿Cómo anuncian las campanas el sexo del niño? 2. ¿Qué lleva el padrino en el bautizo? 3. ¿Quién le invitó al cura a comer? 4. ¿Cómo responde el padre a preguntas tontas? 5. ¿Qué oficio tenía la Jerónima? 6. ¿En qué se nota el orgullo del padre? 7. ¿Qué hacía el niño en sueños? 8. ¿En qué sentido se puede decir que Mosén Millán es el padre del niño? 9. ¿Por qué recordaba el cura ese bautizo? 10. ¿Dónde estaba ya el niño bautizado?

II. *A base de los ejemplos, pronunciar otras frases con las expresiones sugeridas:*
1. Los chicos no perdían el tiempo en lamentaciones.
   El profesor no perdía el tiempo en lamentaciones.
   La niña. Las madres. El cura. La Jerónima. Los padres. El ladrón.

2. Los precios solían ser caros en invierno.
El almuerzo solía ser caro en invierno.
El auto. Las vacas. Los cines. El vino. Las gallinas. La fiesta.

Páginas 8 a 12

I. *Contestar.*

1. ¿Por qué no vio el cura con buenos ojos a la Jerónima? 2. ¿De dónde dijo la Jerónima que había recibido la frase latina? 3. ¿Quién, además del cura, se oponía a las ideas de la Jerónima? 4. ¿Por qué no le gustó el médico a la Jerónima? 5. ¿Los hombres se preocupaban mucho de lo que dijo la Jerónima del médico? 6. ¿De qué hablaban los campesinos? 7. ¿Qué dijo la Jerónima del oficio de Paco para ofender al cura? 8. ¿Qué había puesto debajo de la almohada del niño la Jerónima? 9. ¿Por qué le pareció extraña al cura la falta de gente para la misa del aniversario? 10. ¿A quién quieren los chicos y los animales?

II. *Cambiar los verbos principales del presente al futuro o del imperfecto al pretérito:*

1. Sabía que no la vería.
2. Estaba seguro que si iba. . . .
3. Te digo lo que te falta.
4. No han visto como entraban.
5. Gritan y corren a otra parte.
6. Había que dejarle que es cosa mala.
7. Es lo que tenía que ser.
8. Ve Ud. como está allí.
9. Alzaba las cejas diciendo: « No comprendo ».
10. Entraba y salía por las cocinas.

Páginas 12 a 16

I. *Contestar.*

1. ¿A qué edad entró Paco en la escuela? 2. ¿Por qué le gustó tanto a Mosén Millán que Paco fuera a verle? 3. ¿Cómo

hablaba el zapatero del cura? 4. ¿Por qué quieren tanto los perros a los campesinos? 5. ¿De quién era la noche? ¿El día? 6. ¿Dónde escondió Paco el revólver? 7. ¿Por qué le dijo al cura que llevaba el revólver? 8. ¿Por qué ponía tanto interés el cura en ganar a Paco para la iglesia? 9. ¿Qué era la ambición de Paco? 10. ¿Por qué miraba el zapatero a Paco con ironía?

II. *Poner antónimos:*

1. primero _____	8. joven _____
2. enemigo _____	9. preguntar _____
3. grande _____	10. afirmar _____
4. descansar _____	11. mejor _____
5. bondad _____	12. infierno _____
6. muerte _____	13. hablar _____
7. entrar _____	14. inseguro _____

PÁGINAS 16 A 19

I. *Contestar.*

1. ¿Cuántos son los mandamientos? 2. ¿Cuándo ayudaba Paco en la misa? 3. ¿Qué fiesta religiosa le interesaba? 4. ¿Qué daba una impresión de misterio? 5. ¿El Jueves y Viernes Santos, qué sonaban en vez de campanas? 6. ¿Qué parecía una inmensa cámara? 7. ¿Cómo se mostró irrespetuoso el compañero de Pepe? 8. ¿Para qué llevan los chicos mazos de madera a la iglesia? 9. ¿Cuándo volvían a sonar las campanas? 10. ¿Por qué no debían los chicos ir al lavadero público?

II. *A base de las frases, pronunciar otras con las expresiones sugeridas:*

1. Al pie estaba acostado un crucifijo de metal.
   Al pie estaban acostados unos niños traviesos.
   Los fieles. Una sombra de persona. Dos hombres. Un monaguillo. Las estatuas. Una imagen. Mártires desnudos.

2. Había allí unas estatuas de mártires.
Había allí un ecce homo, lastimoso.
Trastos viejos. Imagen polvorienta. Cabezas de santos.
Mantos ricos. Cámara fotográfica.

PÁGINAS 20 A 23

I. *Contestar.*
1. ¿Adónde le acompañaba Paco a Mosén Millán? 2. ¿Qué
llevaba Paco? 3. ¿Dónde vivía la familia que visitaron?
4. ¿Por qué hacía tanto ruido el enfermo? 5. ¿Dónde estaba
el hijo del enfermo? 6. ¿En qué se veía el buen corazón de
Paco? 7. ¿Por qué lógica pensaba Paco que el hijo del enfermo no debía ser muy malo? 8. ¿Por qué se sintió feliz
Paco con el cura? 9. ¿Qué quería hacer Paco para ayudar al
enfermo? 10. ¿Qué es la actitud de Mosén Millán frente a
la pobreza del enfermo?

II. *Cambiar las frases siguientes a voces de mando, con tratamiento
de Ud. y de tú:*
> *Ejemplo:* Pidió al monaguillo que le acompañara.
> Pide al monaguillo que te acompañe.
> Pida al monaguillo que le acompañe.

1. Oía un ronquido que salía del pecho.
2. Comenzó a rezar en latín.
3. No se daba cuenta.
4. Veía dos moscas que se revoloteaban sobre la cara.
5. No veía más que una silla apoyada contra el muro.
6. Era virtuosa y tenía buen corazón.
7. Se sentía feliz yendo con el cura.
8. Dijo que iba a visitar a los vecinos.

PÁGINAS 24 A 27

I. *Contestar.*
1. ¿Por qué no quiso el padre que Paco acompañara al cura
a dar la unción? 2. ¿Qué es en Aragón un « carasol »? 3. ¿Por

qué en el carasol creían a la Jerónima? 4. ¿Cómo llamaban a Paco cuando se puso a crecer? 5. ¿Para qué usaban el viejo molino del bisabuelo? 6. ¿Qué significa «imberbe»? 7. ¿A dónde iban los chicos a nadar? 8. ¿Dónde viven las cigüeñas? 9. ¿A quién pagaba el padre de Paco las rentas? 10. ¿A Paco qué le pareció esta costumbre de pagar rentas por el pasto?

II. *Poner sinónimos:*

1. caminar _____	11. usar _____
2. regalar _____	12. modos _____
3. pueblo _____	13. oír _____
4. piedra _____	14. contestar _____
5. auxilio _____	15. muchacha _____
6. sitio _____	16. totalmente _____
7. iniciar _____	17. chistes _____
8. hallado _____	18. comienzo _____
9. antigua _____	19. justo _____
10. papá _____	20. pobreza _____

Páginas 28 a 31

I. *Contestar.*
1. ¿Adónde iba Paco los domingos? 2. ¿Por qué se ponía triste el cura cuando crecían los chicos? 3. ¿Cuándo solían los «chicos» acercarse a la iglesia? 4. ¿Cómo iba vestido don Valeriano? 5. ¿Quién es don Valeriano? 6. ¿Por qué se ofrece para pagar la misa? 7. ¿Cómo se distinguió Paco de los otros mozos en la cuestión de casarse? 8. ¿Quién se escapa del servicio militar? 9. ¿Qué hizo el padre de Paco para que éste se escapara del servicio militar? 10. ¿Por qué dijo Mosén Millán que el acto del padre no tenía mérito?

II. *A base de los ejemplos, pronunciar frases parecidas:*
1 Pensaba que cuando crecían los chicos se alejaban.
Pensaban que cuando crecía el niño se alejaba.

Las lavanderas. El monaguillo. Don Valeriano. Paco y su hermano. La hermana de Paco. Otras personas.

2. Yo pago la misa si me dice lo que vale.
Él paga la misa si le dice lo que vale.
Tú. Nosotros. Ellas. Ustedes. Mi hermano. Don Valeriano. El duque. Todos.

Páginas 31 a 35

I. *Contestar.*

1. ¿Cómo era la novia de Paco? 2. ¿Cómo anunciaba Paco su presencia cuando se acercaba a la casa de su novia? 3. ¿Por qué tuvo Paco que dormir en la cárcel? 4. ¿Qué debe ser un « iluso »? 5. ¿Cómo se manchaban las camisas blancas? 6. ¿Qué es un lecho mortal? 7. ¿Con qué instrumentos celebraban las bodas de Paco? 8. ¿Por qué se desvistió de prisa Mosén Millán? 9. ¿Por qué debe tener anchas caderas un zapatero? 10. ¿Por qué trata Mosén Millán de usted al zapatero?

II. *Llenar los blancos con palabras correctas:*

1. En la boda el marido y la esposa se llaman ____.
2. El ____ es el que hace zapatos.
3. Águeda es la ____ de Paco.
4. La policía rural se llama la ____ ____.
5. Solo gente ____ vive en las cuevas.
6. La noche de San Juan Paco llena de ____ y ____ las ventanas de Águeda.
7. « Emborrachar las camisas » es mancharlas de ____.
8. Los novios eran ____ en materia de religión.
9. En la torre de la iglesia sonaba la ____.
10. La fiesta de la boda tiene lugar en la casa de ____.

Páginas 35 a 39

I. *Contestar.*

1. ¿Qué pasaba en Madrid según el zapatero? 2. ¿Por qué no le hacía caso Mosén Millán? 3. ¿Por qué olía a alcanfor

el traje del zapatero? 4. ¿Qué sirven en la fiesta para abrir el apetito? 5. ¿Quién estaba en la cocina? 6. ¿Por qué empezó a creer el cura lo que había dicho el zapatero? 7. ¿Por qué empieza el Sr. Cástulo a tratar tan bien a Paco? 8. ¿De qué estaban orgullosos los de la familia de Paco? 9. ¿Qué son luceros? 10. ¿Para qué entraron los músicos de la rondalla en la casa?

II. *Poner antónimos:*

1. buscar _____	11. quitar _____
2. ignorar _____	12. débil _____
3. tristeza _____	13. proximidad _____
4. joven _____	14. lejos _____
5. subida _____	15. enemigo _____
6. cerrar _____	16. corto _____
7. entrar _____	17. debilidad _____
8. en frente _____	18. frío _____
9. desatados _____	19. saliendo _____
10. principio _____	20. mismo _____

PÁGINAS 39 A 43

I. *Contestar.*

1. ¿De qué hablaba Mosén Millán? 2. ¿Qué comían en la fiesta? 3. ¿Quién llevó vino al carasol? 4. ¿Qué es *un parte?* 5. ¿Qué decían en el carasol de la novia de Paco? 6. ¿Cómo sabía Mosén Millán que don Gumersindo entraba en la iglesia? 7. ¿Por qué parece tan fatigado el cura? 8. ¿Adónde mandó el cura al monaguillo? ¿Para qué? 9. ¿Dónde oyó Mosén Millán la confesión? 10. ¿Es normal oír confesiones allí?

II. *Cambiar a voces de mando con* tú *y con* usted:

1. Recordó el incidente del revólver.
2. Decía que los curas son los únicos.
3. Se mostraba más alegre.

4. Es bueno con los niños.
5. Decía de sí misma que volaba en una escoba.
6. Se lo digo a él.
7. Oían las botas.
8. Pidió permiso para fumar.
9. Miró a don Valeriano.
10. Bebe a la salud de los novios.

PÁGINAS 43 A 46

I. *Contestar.*
1. ¿Por qué será que Mosén Millán no quiere que nadie le pague la misa? 2. ¿Quién llevó a los novios a la estación? 3. ¿Cuánto tiempo estuvieron los novios en su viaje de novios? 4. ¿Por qué se interesaba tanto Paco en las elecciones? 5. ¿Cuándo empezó Paco a pensar en la cuestión de los pobres? 6. ¿Qué le pasó al rey? 7. ¿Por qué buscaba Paco al zapatero? 8. ¿Qué piensa Mosén Millán de este período revolucionario? 9. ¿A qué fue elegido Paco? 10. ¿Qué resultado fue para el duque la elección de Paco?

II. *A base de los ejemplos pronunciar frases con las frases sugeridas:*
1. Él hablaba sin que nadie le contestara.
   Tú escribes sin que nadie te conteste.
   Yo llamé. Él lo dice. Nosotros llamamos. Uds. escribían. Tú hablabas. Ellas mandaron.
2. A los duques les ha llegado su San Martín.
   A nosotros nos ha llegado nuestro San Martín.
   A ustedes. A ti. A ella. A ellos. A los chicos. A vosotros. A todos.

PÁGINAS 47 A 50

I. *Contestar.*
1. ¿Qué problema tomaba en serio el ayuntamiento? 2. ¿Cómo evitaban que los guardas del duque mataran a alguno? 3. ¿En dónde entraban los ganados del pueblo?

4. ¿ Para qué invitó don Valeriano a Paco a su casa? 5. ¿ Con qué frecuencia visitaba el duque sus propiedades? 6. ¿ Por qué dijo Paco que sobre el monte no había que negociar? 7. ¿ Cuándo bajan la cabeza los hombres honrados, según Paco? 8. ¿ Qué libertad de Paco ofendió a don Valeriano? 9. ¿ Por qué dijo Paco que el duque debía traer un rifle nuevo? 10. ¿ Por qué se encontró don Valeriano entre dos fuegos?

II. *Poner adjetivos adecuados:*

1. imaginación _____	11. cabeza _____
2. administrador _____	12. abogado _____
3. guardas _____	13. libertad _____
4. cargo _____	14. bigotes _____
5. veces _____	15. usanza _____
6. balcón _____	16. botellicas _____
7. duquesa _____	17. mentira _____
8. palabras _____	18. jaral _____
9. asunto _____	19. pueblo _____
10. silencio _____	20. vaso _____

PÁGINAS 51 A 54

I. *Contestar.*
1. ¿ Qué hacía el monaguillo por no poder estar quieto? 2. ¿ Qué verbo se usa para *matar* cuando es por orden oficial? 3. ¿ En qué se ve que la fe religiosa de don Valeriano se ha debilitado? 4. ¿ Por qué en el pueblo bendecían a Paco? 5. ¿ Qué día solían hacer regalos al cura? 6. ¿ Quién habla mal de Paco al cura? 7. ¿ Por qué se acercó el zapatero a Mosén Millán? 8. ¿ Por qué se sentía solo Mosén Millán? 9. ¿ Por qué salió la guardia civil? 10. ¿ Qué grupo nuevo entró en el pueblo?

II. *Definir en español las palabras:*

1. monaguillo	3. templo
2. asesino	4. aldea

5. ermita
6. ayuntamiento
7. monte

8. juez de riegos
9. capital
10. señorito

Páginas 55 a 57

I. *Contestar.*

1. ¿Por qué pasaba tanto tiempo rezando el cura? 2. ¿Qué hacía la Jerónima? 3. ¿Qué le pasó al zapatero? 4. ¿Cómo mostró la Jerónima que no era enemiga del zapatero? 5. ¿Por qué no los veía nadie cuándo mataban a la gente? 6. ¿Qué en el pueblo llevaba el nombre de Rusia? 7. ¿A quiénes decían que mataban los señoritos? 8. ¿Dónde está Paco? 9. ¿Dónde estaba el padre de Paco? 10. ¿Por qué le parece tan mal a Mosén Millán que no haya ni risa ni llanto?

II. *Cambiar los sujetos al plural y el tiempo al pretérito:*

1. El pueblo está asustado.
2. El señorito pide castigos.
3. La mujer dice que merece que la maten.
4. El señor dice que no es verdad.
5. La campana hace contrapunto.
6. Al mozo no lo atrapará el señorito.
7. La señora se lamentaba de lo que sucedía.
8. El padre sabía dónde estaba.
9. El cura sigue hablando.
10. Ella piensa lo que quieres que piense.

Páginas 58 a 61

I. *Contestar.*

1. ¿Cómo descubrió Mosén Millán dónde se escondía Paco? 2. ¿Por qué durmió Mosén Millán tan bien después de hablar toda la tarde con los forasteros? 3. ¿Qué clase de saludo trataban de enseñar a los del pueblo? 4. ¿Cómo se portaba don Valeriano ahora? 5. ¿Qué le dijeron a Mosén Millán para que estuviera menos inquieto con respecto a las

muertes? 6. ¿Qué puso en la mesa el centurión cuando empezó a hablar al cura? 7. ¿Qué exigió Mosén Millán antes de decir dónde se escondía Paco? 8. ¿Qué noticia trajo el señor Cástulo? 9. ¿Por qué volvió el centurión sin Paco? 10. ¿Cómo esperaba el centurión hacer para que saliera Paco?

II. *Poner sinónimos:*

1. temor _____	11. terminar _____
2. revólver _____	12. ocultar _____
3. extranjero _____	13. contestación _____
4. capitán _____	14. afecto _____
5. anteojos _____	15. asesinar _____
6. sitios _____	16. antiguo _____
7. aldea _____	17. vestiduras _____
8. sacerdote _____	18. desear _____
9. placer _____	19. pensar _____
10. destacarse _____	20. cometer _____

Páginas 62 a 66

I. *Contestar.*
1. ¿Por qué se ofrece el señor Cástulo a pagar la misa? 2. ¿Qué noticia trae el monaguillo? 3. ¿Por qué no pudo entrar solo el caballo? 4. ¿Cómo quedaba la iglesia después que salió el caballo? 5. ¿Qué le parece la técnica novelística de recordar la vida de Paco mientras se espera la misa? 6. ¿Qué aconsejó Mosén Millán a Paco? 7. ¿Por qué preguntó Paco si había matado a alguien? 8. ¿Qué promesa le dieron a Mosén Millán los forasteros? 9. ¿Cómo llevaban a Paco al pueblo? 10. ¿A dónde llevaron a Paco?

II. *Cambiar los verbos a voces de mando:*
1. Lo dice echando mano al bolsillo.
2. Cerró una vez más los ojos.
3. Volvieron a decir que no era una mula.
4. Dejaste abierta la puerta del atrio.

5. Se pusieron a calcular.
6. Mostraba la pierna desnuda.
7. Corría a hacerlo.
8. Se han marchado.
9. ¡ No les pasa nada !
10. Se oyó la voz del centurión.

Páginas 67 a 71

I. *Contestar.*
1. ¿ Cuándo sacaron a Paco de la cárcel? 2. ¿ Adónde lo llevaron? 3. ¿ Qué ironía hay en que lo llevaran en el coche del señor Cástulo? 4. ¿ Con qué disculpa recibió el cura a Paco? 5. ¿ Por qué no necesitaban palabras para entenderse Paco y Mosén Millán? 6. ¿ Qué parecía excitar a Paco más que su propia muerte? 7. ¿ Cuánto tiempo después estuvo Mosén Millán sin salir sino para ir a misa? 8. ¿ Dónde estaba el reloj de Paco? 9. ¿ Por qué no lo tenía la familia de Paco? 10. ¿ Qué consuelo tenía Mosén Millán de la muerte de Paco?

II. *Pronunciar frases hechas a base de los modelos:*
1. Si me matan, bien.
   Hablar. Si me hablan, bien.
   Tocar. Ver. Preguntar. Besar. Acompañar.
2. ¿ Te arrepientes de tus pecados?
   Yo. ¿ Me arrepiento de mis pecados?
   Él. Usted. Nosotros. Ellos. Ustedes. Ella.
3. Después un hombre le dio el reloj de Paco.
   Yo. Después le di el reloj de Paco.
   Él. Nosotros. Ustedes. Ellos. Vosotros.

VOCABULARY

This vocabulary has been prepared to answer as fully as possible the question of equivalents in English of the Spanish words which appear in the text. Since the text is intended for second-year students, however, it seems pointless to include everything, so the following omissions occur:

1. Personal pronouns and demonstratives.
2. Common prepositions (but not their uncommon meanings).
3. Regular past participles whose infinitives appear.
4. Adverbs in *–mente* whose corresponding adjectives are included.
5. Diminutives whose regular forms occur (unless the orthography may obscure the connection).
6. Easily recognizable cognates when there is no special reason for their inclusion.
7. The gender of masculine nouns ending in *–o*, and feminine nouns ending in *–a, –ión, –dad,* and *–tad*.
8. Cardinal numerals.

adj.	adjective	*Lat.*	Latin
adv.	adverb	*m.*	masculine
Arag.	Aragonese	*n.*	noun
aux.	auxiliary	*pl.*	plural
Cat.	Catalan	*p.p.*	past participle
cf.	compare	*prep.*	preposition
dim.	diminutive	*pron.*	pronoun
f. or *fem.*	feminine	*rel.*	relative
inf.	infinitive		

VOCABULARIO

abadía rectory
abalanzarse hurl oneself
abanico fan
abierto open
abogado lawyer
abrir open, arouse
abstraído: profundamente —, in deep abstraction
abuela grandmother
aburrido bored; boring
acabar stop, end, finish, put an end to
acceso access
aceite *m.* oil
aceptar accept
acequia irrigation ditch
acercarse approach, draw near
aclarar clear up
acoger gather, receive
acólito acolyte
acomodado well-to-do
acomodar adjust
acompañar accompany, go with
aconsejar advise
acontecimiento event
acordar agree; —se remember
acorralar to corral
acosar pursue
acostado lying, reclining; in bed
acostarse go to bed
acto act, deed
acudir come; gather around
acuerdo agreement
acusar accuse; acknowledge
adecuado proper
además furthermore, in addition, besides

adicto devoted
adobo pickling mixture
adquirir acquire
advertir point out; tell, notify
afecto affection
afilador *m.* grindstone
afilar sharpen
afirmación assent
afirmar: — con la cabeza nod agreement
afrontar confront
afuera outside; **de labios —,** only in their speech
afueras *f.pl.* outskirts
agarrar clutch
agitado shaken
agitar stir up; —se get excited; struggle
agonizante *m. or f.* dying person
agonizar die
agosto August
agradecer be grateful
agriamente sourly
agriarse turn sour
agruparse form a group
agua *f.* water; — **mansa** still water
agudo sharp, acute
Águeda Agatha
agujero hole
aguzar sharpen; — **el oído** prick up one's ears
ahora now
ahumado smoked, smoky
ahuyentar scare away, keep away
aire *m.* air, breeze
ajo garlic

ajustado fitted; fitting
ajustar adjust; —se los calzones be a man
alargar stretch out
alba dawn; alb (*worn by the priest*)
albarda basket which hangs over the back of a pack animal
alborotar excite
alcalde *m.* mayor
alcance *m.*: a su —, in reach
alcanfor *m.* camphor
alcanzar reach
alcoba bedroom
aldea village
aldeano villager
aleccionado coached
aleccionador instructive
alegar allege
alegrarse be glad
alegre gay; tipsy
alegría joy, gayety
alejamiento distance
alejar keep away, take away; drive away; —se grow apart
aleluya hallelujah
alfombra rug
algarero noisy
algo something, some reason; *adv.* somewhat
alguien someone, somebody
algún, alguno some, someone; an occasional one
aliaga furze, gorse
aliento breath; courage; faltarle a uno el —, run out of breath
alimaña wild animal
alimento food
alinearse line up
aliviar lighten, alleviate, assuage
alma soul
almacén *m.* warehouse, storage
almidonado starched
almohada pillow
almohadón *m.* cushion
alquiler *m.*: de —, for hire
alrededor round about; a su —, around him
altar *m.* altar
alto high, tall; loud; halt!; pasar por —, skip; en lo —, up above
aludir allude
alusivo alluding (to)

alzar raise
ama housekeeper
amable amiable, pleasant, friendly
amanerado affected
amarillo yellow
ambiente *m.* atmosphere, surroundings, environment
ámbito confines
ambivalencia ambiguity, double meaning
amenaza threat
amenazar threaten
ametralladora machine gun
amigo friend; *adj.* friendly
amistad friendship
amo master
amontonar pile up
amor *m.* love
amoroso amorous
amuleto amulet, charm
anca hip
anciano, -a old person
ancho broad
andar go, walk, walk around; be (*as a substitute for* estar); — a cuatro manos go on all fours; — con pies de plomo go slowly
ángel *m.* angel; Ángel de la Guarda Guardian Angel
anterior former, previous, back, before
antes *adv.* before; rather; — de *prep.* before
antiguo old, ancient; former
antojársele a uno have a desire (for)
añadir add
año year
añoranza nostalgia, longing
apagar extinguish, turn off
apalabrado spoken for, promised
apalabrar agree (to engage), promise
aparecer appear, show up, turn up
aparición appearance]
apariencia appearance
apartarse go away; step to one side, stand back
apelmazado tamped
apellido surname
apóstol *m.* apostle
apoyado leaning

aprender learn
aprobado approved
aprovechar take advantage
aproximado approximate
apuesta bet, wager
apuntar come up (*of planted seeds*)
arbusto shrub
arcaico archaic, out of date
arma weapon
armario cupboard
arnés *m.* harness
arrancar snatch, grab; jerk out, pull up
arranque *m.* impulse
arrastrar drag
arrendamiento rental
arrepentirse repent
arriba up
arriendo rental
arriesgarse take the risk
arrimo support
arrodillarse kneel
arrollar roll
arruguita *dim. of* **arruga** wrinkle
asegurar assure, affirm
asesinado murdered
asesinato murder
así thus, so, like that; — **como** —, just like that
asiduamente constantly, persistently
asomar, —se a peek out, look out; stick out, show
asombrar astonish
ásperamente harshly
asunto matter; **ir al** —, get to the point
asustado frightened, astonished
asustarse become frightened
atado tied
atareado busy
atención attention; **poner** —, pay attention, listen carefully
atender attend, take care of
atener (a) abide (by)
atento attentive
aterrado terrified
atractivo attraction
atraer attract, win over
atrapar catch
atreverse dare
atrevido bold, daring, brave

atribuir attribute
atribulado troubled
atributo attribute
atrio portico, platform (*before the church*)
atropelladamente stumbling
aturuxo *loud cry in mountain songs of northern Spain*
atusar: — **los bigotes** twist one's moustache
aun, aún still
aunque although
automatismo automatism, automatic reaction
auxiliar auxiliary, assistant
avanzar advance
ave *f.* bird, fowl
averiguar find out, verify
avisar notify, advise
ayer yesterday
ayudar help, assist
ayunas *f.pl.:* **en** —, fasting
ayuntamiento town council
azar *m.* hazard; **al** —, at random
azul blue

báculo staff
badajo clapper (*of a bell*)
badulaque *m.* blockhead
bailar dance
baile *m.* dance
bajar lower; — **la cabeza** accept
bajo *adj.* low, base; short; **gente baja** people of the lower class; *prep.* under, beneath
bala bullet
balcón *m.* balcony
banco bench
bandada covey
bandeja tray
bandeo swing; beating
bandera flag
bandurria bandore (*musical instrument shaped like a small guitar but with a sound more like that of a mandolin*)
baptisterio baptistery
baraja deck (*of cards*)
barba beard; chin
Barcelona *capital city of Cataluña*
barrer sweep
barruntos *m.pl.:* **tener** —, have

a presentiment (*of what is going on*)
base *f.* base
bastante quite
bastar be enough, suffice
bastos *m.pl.* clubs (*one of the suits of Spanish playing cards*); **pintan —,** (freely) clubs are trumps, clubs are being dealt
bautismal baptismal
bautizar baptize
bautizo baptism, baptismal party
beata devout woman
beber drink
bendecir bless
besar kiss
beso kiss
bestia beast (*of burden usually*)
biblioteca library
bien *adv.* well; **más —,** rather; *n.* good; *pl.* wealth, property; **bienes de señorío** lands of seigniory (*those granted by the king, for example, along with the title of nobility*)
bigote *m.*, **bigotes** moustache
birlas *f.pl.* tenpins
bisabuelo great-grandfather
blanco white
blando soft
bobo fool
boca mouth
boda wedding
bodega wine cellar
bolos *m.pl.* tenpins
bolsa bag, sack; stockmarket
bolsillo pocket
bondad kindness
bordado embroidered
bota shoe, boot; wineskin
botella bottle
botellica *dim. of* botella
botón *m.* button
bóveda vault, vaulted roof
bravamente roughly
brazo arm; **atados — con —,** with their arms tied together
breve short, brief
breviario prayer book
brincar jump
broma jest, joke
bronco harsh, hoarse

bruja witch
bruto stupid, brutal
buen, bueno good, all right; **ver con buenos ojos** look on with favor
bufonadas *f.pl.* clowning
buho owl
burlarse make fun (of)
buscar look for, seek
busto bust

cabal right, just, proper
caballero gentleman; knight
caballo horse; **ponerse a —,** straddle
Cabarrús *economist in the courts of Charles III and Charles IV*
cabecera head (*of a table or of the bed*)
cabello hair
cabestro lead ox
cabeza head
cabo end; **— de vela** stump of a candle
cabra goat
cabritillo kid
cada each; every
cadáver *m.* corpse
cadena chain
cadera hip
caer fall
caída fall
cajón *m.* drawer
calavera skull
calcular calculate, estimate
caldo broth
caliente warm, hot
calificado classified
calma calm, state of calm
calzones *m.pl.* drawers (*article of clothing*); **ajustarse los —,** be a man
callar, —se be silent, keep silent
calle *f.* street; **calle mayor** main street
callejón *m.* alley
cama bed
cámara camera
camastro wretched bed
cambalache *m.* trade, swap
cambiar change; exchange
caminar walk, go

camino way, road; **de —, por el —,** on the way
camisa shirt
campana bell
campanario belltower
campesino *n. and adj.* peasant
campo country
camposanto graveyard
canalizar make a channel
canción song
candelabro candelabrum
cansino tired (*of animals generally*)
cantar sing, chant
cántaro jug, jar
canto chant, song; singing
caña cane, reed
cañí gypsy (speech)
capa cape; **— pluvial** cope (*a vestment worn by the priest*
capaz capable
capilla chapel
capital *f.* capital
capitana captain's wife (*here the name of one of the mules*)
capítulo chapter; **llamar a —,** take to task
capón *m.* capon
capucha hood
cara face
carabina rifle, carbine
carácter *m.* character
caramelo caramel
carasol *m.* (*Arag.*) sunny place
carcajada guffaw, burst of laughter; **soltar la —,** burst into laughter
cárcel *f.* jail, prison
cargo job
cariño affection
caro dear, expensive
carretera highway
casa house; **a —,** home
casarse marry
cascabel *m.* jingle bell
casi almost
caso case; **hacer —,** pay attention
castigo punishment
Cástulo Pérez *surnames of one of the characters*
casulla chasuble (*one of the ecclesiastical vestments*)

catalán, catalana Catalan (*pertaining to the region of Cataluña*)
causar cause
cavilar think, reflect, ponder
caza hunt
ceder give over, cede
ceja eyebrow
celebrar hold, celebrate
celos *m.pl.* jealousy
cena supper
cenefa border
ceniza ash, ashes
censor *m.* censor; critic
centenar *m.* a hundred
centuria company (*of soldiers*)
centurión *m.* captain
ceñir gird
cera wax
cerca fence
cerca nearby; **— de** near
cerdo hog
cerebro brain
cereza cherry
cerrar close, shut
cerro hill
cesta basket
ciego blind; **a ciegas** blindly
cielo heaven, sky
ciencia science
cierto certain, a certain
cigüeña stork
cilindro cylinder
cimbal *m.* small bell
cinta ribbon
cinto belt
cintura waist, belt
circular circulate
cirio wax taper
ciudad city
Claret *name of a priest accused of exercising great influence over Queen Isabel II*
clase *f.* kind, class
clavado nailed, stuck
clavo nail
cobrar charge; collect
cobre *m.* copper
cocina kitchen
coche *m.* car, automobile
cochero *adj.* of or pertaining to coaches or cars
codo elbow

coger gather
cogido caught
coincidir coincide, happen together
cojear limp
cojera lameness
colchón m. mattress
colegio college (in European sense), private school (secondary)
colgado hanging
colgar hang
comentado commented on
comentar comment
comenzar commence
comer eat, dine; —se eat up
cometer commit
comicidad comic vein
comida dinner
comienzo beginning
comisura corner (of mouth)
comitiva committee, group; procession
como as, like; — el que dice as one says; — quien dice so to speak, as it were; y — ésos (freely) and here is the money
cómo how, what
compartir share
compás m. beat (of the music)
competencia competition
cómplice m. or f. accomplice
componer repair; be repaired
comprender understand
comulgante m. or f. communicant
comulgar take Communion
común common
comunicar announce, inform, notify
con with; (Often Spanish uses con with an abstract noun where English inclines towards the use of the corresponding adverb. Example: con benevolencia benevolently.)
conceder concede, grant
concejal m. councilman
concencia for conciencia knowledge; science; conscience
concentrarse concentrate
conciencia knowledge; science; conscience
conciliador conciliatory

concretamente definitely
concretar give a thing concrete form
concurrido well attended
condenar condemn
conducido driven
conferencia conversation, talk; conference
confesionario confessional
confundir confuse
confuso confused
cónico conical
conjunto totality, whole
conmigo with me
conmover move, impress
conocer know
consagrar consecrate
consejo council
conservar hold, keep, retain; keep up
consistorial: casa —, town hall
consuegras f.pl. mothers-in-law (of the same couple)
consultar consult, inquire
contagiar infect
contar tell; count
contento satisfied
contestar answer
contienda contest, struggle
contra against
contradecir contradict
contrapunto counterpoint
contrario adj. opposite; n. opponent
contrata contract
convertir change
corazón m. heart
cordón m. rope, cord
coro: a —, in a group
coronado crowned
Corpus Corpus Christi day
corredor m. broker
correo mail
correr run, go around
cortar cut, cut off
cortina curtain
corto short
cosa thing, matter; gran —, greatly
cosecha harvest, vintage
coser sew
costar cost

costumbre *f.* custom
cotovía species of lark
coyuntura juncture
creado created, made; **lo —,** all creation
crear create
crecer grow, grow up
crecida rise
crecido grown up, raised, grown
crédito belief
creer believe, think; **— que no** to think not
crimen *m.* crime
crío baby, offspring, young
críptico cryptic
crisma *m.* holy oil (*used for baptism and confirmation*)
cristal *m.* window pane
cristiandad Christianity
Cristo Christ
crítica criticism
crotorar cry (*of a stork*)
crucifijo crucifix
crudeza coarse jest
crujir crunch, creak
cruz *f.* cross
cruzado crossed
cual which; **cada —,** each one
cualquier any
cuando when; **de vez en —,** from time to time
cuanto how much, much; **— antes** right away; **en — a** with regard to
cuarto room
cubierto covered
cubre-corsé *m.* corset-cover
cubrir cover
cuchillo knife; **pasar a —,** put to the knife
cuenta account; **darse —,** realize; **más de la —,** more than one ought
cuento short story, tale
cuerda string
cuero leather; **en cueros** naked
cuerpo body
cuesta slope; **— arriba** up the hill
cuestión matter, topic
cueva cave
cuidado care; **sin —,** nonchalantly, carelessly

cuidar care for, take care of
culatazo blow of the rifle butt
culebra snake
culo: — de hanega (*freely*) basket-butt
culpa blame, fault
culpable guilty
cumplir (con) do one's duty (by)
cuna cradle
cuneta ditch
cura *m.* priest, curate
curar dress (*of a wound*)
cuyo *rel. pron.* whose

chaleco vest
chamusca (*freely*) stake-bait
chaqueta jacket
charlar talk, chat
chascar click
chico boy, kid, child; **chica** girl
chillar shriek, screech
chimenea chimney; fireplace
chirigaita *a fibrous fruit whose pulp is used in making the sweet called* **cabello de ángel**
chisporrotear sputter
chocar collide
choza hut

D. *abbreviation for* **don**
dañar harm
daño harm
dar give; **— a** face; **— a entender** pretend to; **— en** strike; **— la razón a** side with, bear out; **— los buenos días** say good morning; **— un paso** take a step; **me da igual** it's all the same to me; **nadie sabía darle razón** nobody could tell her; **—se** surrender; **—se cuenta** realize; **—se por enterado** pretend to know about a thing, accept notice; **—se por vencido** acknowledge defeat
debajo beneath, underneath
deber owe; ought, must
debido due
debilitado weakened
decidir decide
décimo tenth
decir say, tell; **es —,** that is;

por — algo just to be saying something
dedo finger
deducir deduce
dejar leave; allow, let; put down; — de leave off, stop; no — de not fail to
delante before, in front of
deliberadamente deliberately
demás: los —, m.pl. the rest, the others
demasiado too much, too
demonio demon, devil
dentro adv. inside; — de prep. inside
denunciar denounce, betray
derecho straight; right; pl. rights
derramar shed
derribado fallen; knocked down
desagradecido ungrateful
desahogarse unburden oneself
desairado inelegant; disrespectful
desaliento dejection
desamparado forsaken, abandoned
desaparecido disappeared
desarticular dismember
desbordar overflow
descalzo barefoot, unshod
descarga discharge
descifrar decipher
descubierto bare, uncovered
descubrimiento discovery
descubrir discover; uncover
desde from; since
desdén m. scorn, disdain, loathing
desdicha misfortune
desecado dried
desembolso disbursement
desenlace m. outcome, denouement
desentenderse ignore a thing
desentrañar investigate thoroughly
desenvolver develop
deseo desire
desesperado desperate
desgana unwillingness; lack of appetite
desgracia misfortune; por —, unfortunately
desgraciado unfortunate

deshacer undo
deshilar unravel
deshonesto immodest
desierto deserted
designio design, purpose
desigual uneven
desnarigado without a nose, with nose broken off
desnivelado uneven, rickety
desnudo bare, naked
desorientado disoriented
despacio slowly, slow
despectivo contemptuous
despedir say goodbye; dismiss
desplante m. intemperate action
desposado married
despreciable contemptible
desprenderse come loose, separate
después adv. afterwards; — de prep. after
destino destiny
destituido dismissed
desván m. attic
desvelar keep awake
desventura misadventure
desvergonzado shameless
desvergüenza impropriety; letanía de —s string of filthy epithets
desvestir change clothes, unrobe
detalle m. detail
detener detain, arrest; —se stop
detrás adv. behind; — de prep. behind
devolver return
devoto devout
día m. day; — de mañana tomorrow, in the future; buenos —s good morning
diablo devil
diabluras f.pl. mischief, pranks
diario daily
dicharacho uncomplimentary remark
diente m. tooth; con el romance en los dientes with the ballad on his lips; decir entre dientes mumble, say under one's breath
difícil difficult, troublesome
difunto deceased
digno worthy
dije m. charm, seal
dijenda picturesque expression

diligencia diligence, industrious-ness
diminuto diminutive
dinero money
Dios God
dirigirse go; address
disco record (*phonograph*)
discretamente mildly
discreto discreet, wise, reliable
disculparse make apologies
discurso speech
diseminado scattered, spread
disimular conceal
disolver break up
disparar fire, shoot
disparo shot
disponer dispose, arrange
dispuesto ready, disposed
diverso different
divertirse be amused, have a good time
doblado bent; doubled, folded
doblarse bend
dolor *m.* sorrow, pain
dominar control
domingo Sunday; **Domingo de Ramos** Palm Sunday
dominio mastery, control
don *title (used only with the Christian name)*
don *m.* gift, favor
donde where
dorado golden, gilded
dormido asleep, in his sleep
dormir sleep
dragón *m.* dragon
duda doubt
dudar doubt, be uncertain
duende *m.* ghost
dueña mistress
dueño owner
duque *m.* duke
duquesa duchess
durante during
durar last, endure
duro *coin (or banknote) worth five pesetas; adj.* hard

e and
Ecce Homo *head of Christ, sorrow-ful and agonized*
echar pour, put, give, throw out;
— **a broma** take as a joke, treat as a joke; — **el alto** call a halt; — **mano a** catch, get a hold on, take hold of; — **roncas** shout (against); — **tierra a** forget, overlook; — **un parte** send notice
edad age; — **media** Middle Ages
edificante edifying
educado educated, properly brought up
efectivamente in fact
efecto effect; **hacer** —, have an effect
eje *m.* axle
ejemplar exemplary, model
ejemplo example
ejército army
elegido elected
elegir choose
elogio praise
embargo: sin —, nevertheless
emborrachar make drunk, get drunk
empañado cloudy, blurred
emplear use, employ
emplumar (tar and) feather
empotrado set, embedded
empujar push, urge
empujón *m.* shove
enaguas *f.pl.* underskirt
enamorado enamored, in love with
encalado whitewashed
encarcelar imprison, jail
encargado ordered
encender light, turn on
encerrar lock up, close up, shut up
encima above
encontrar find
encrucijada crossroad
encubrimiento concealment
enemigo unfriendly, enemy
enfermedad sickness
enfermo sick person
engañar deceive
engrasado greased
enloquecido maddened
enlutado wearing mourning
enojado angry
ensalmadora witch doctor, medi-cine woman

ensayo essay
enseñar teach
ensombrecer darken
entender understand; —se get along, come to an understanding
entendimiento understanding
enterado aware; darse por —, accept notice, pretend to know about a thing
entereza integrity
enterizo: hombre —, man of integrity
enternecido with tenderness
entero entire, whole
entonces then
entornar half open
entrar enter, come in
entre among, between; rezar — dientes mumble a prayer
entreabierto half open
entregar give, hand over; —se surrender, give up
entretanto meanwhile
entretenerse occupy oneself
entrevista interview
enviar send; — a buscar send for
envidao for envidado: su Majestad el rey va envidao (freely) they have called the bet of His Majesty the King
enviudar become a widow (or widower)
envolver wrap
envuelto wrapped
época period, time, epoch
equivocarse be mistaken
ermita hermitage
escalera stair, step
escalinata stairway
escandaloso scandalous, frightful
escapar escape; —se de casa run away from home
escapulario scapular
escena scene
escoba broom
esconder(se) hide
escondite m. hiding place
escorpión m. scorpion; — cebollero mole cricket
escrito written; por —, in writing
escrutador scrutinizing

escuchar listen, listen to
escuela school
esencialidad necessity, essential quality
esmero care
espaciado slow, drawn out
espacio space, time
espalda back; shoulder
espanto fright
esparto esparto grass
especie f. kind, sort
especular speculate, trade
esperanza hope
esperar wait; hope, expect
espina thorn
esposa wife
establo stable
estaca stake, peg
estaferma loafer
estampa picture, print
estampido shot, report (of a gun)
estanque m. tank, pool
estar be; — de pie stand
éste this one, the latter
estera mat
estertores m.pl. death rattle
estimar esteem; estimate
estola stole (one of the priest's vestments)
estopa tow, burlap
estrecho narrow
estrella star
estribo running board; stirrup
estropajo wad of coarse fibers used for scouring
eucaristía Eucharist (sacrament of changing the bread and wine into the body and blood of Christ)
evitar prevent, avoid
evocador evocative
ex profeso expressly
excitación excitement
exhibirse show off
examen m. examination
éxito success; tener —, be successful
expiar expiate
explicar explain
expuesto exposed
extendido extended, stretched out
extinguirse die away

extrañar surprise
extraño strange
extraviado lost, strayed
extremaunción extreme unction
extremo extreme, end

fácil easy; likely
faena chore, task
faja band, sash; bandage (around the waist)
fajo bundle
falta lack; hacer —, be needed
faltar be missing, be lacking, be absent; —le a uno el aliento run out of breath
fama reputation
familiar familiar, pertaining to the family
faro headlight
fe f. faith
febrero February
feliz happy
femenino feminine
ferrocarril m. railroad
festividad festival
fiarse trust
fiel faithful
fiesta feast, celebration
fila line, row
fin m. or f. end; purpose; por —, at last, finally
final m. final; al —, finally
fino fine, delicate
firmeza firmness, calm
fisgar snoop, have a look
flaco thin
flamenco gypsy (in music especially)
flauta flute
flecha arrow
flor f. flower, blossom
floreado: — y rameado with a design of branches and flowers
florecer bloom
florero vase
flotar float, wave
fogón m. hearth, fireplace
fondo back; bottom
forastero stranger, outsider, foreigner
forja forge; diablo de —, devil of wrought iron

forjado forged
forma form, way
fragor m. racket
franco free
frase f. phrase, sentence
frecuente frequent
fregar scrape, scour
frenético frantic
frente f. forehead; — a in front of; de —, right in the face
fresco fresh, cool
frialdad coldness
frío cold
frotar rub
fuego fire
fuelle m. bellows; accordion-pleated extension on a camera
fuente f. fountain
fuera outside; — de sí beside oneself; — malquerencias ill will aside
fuero law, charter
fuerte strong
fuerza strength, force
fuina ferret (animal)
fuineta (dialectal): hacer —, run away
fumar smoke
fusil m. rifle

gafas f.pl. glasses (for the eyes)
gala: vestido de —, all dressed up
galopín m. ragamuffin
gallego Galician
gallina hen
ganado cattle
ganar earn, win
garantizado given a clean bill of health
garbo graceful carriage
garduña ferret (animal)
gasto expense
gatera cat-hole
gato cat
género gender, genre, kind
gente f. people
genuflexión genuflexion
germinar germinate
gesto gesture
girar revolve
giro twist; turn of speech
glera gravel bed

gloria glory; **Sábado de Gloria** Holy Saturday
golpe *m.* blow
golpear beat, strike
goteado covered with drippings
gozo pleasure, joy
gracia favor; grace; *pl.* thanks
gran, grande large, big; great
grano grain
grava gravel
grave serious, grave, solemn; **enfermo —,** person gravely ill
gravedad gravity, serious demeanor
grimorio magic book (*a reference to the prayer book*)
gritar cry out, shout
grito cry, shout
grueso thick; heavy
grupo group
guarda *m. or f.* guard
guardado: tener —, saved up
guardapelo locket
guardar put away, keep
guardia guard
guerra war
guiño wink
guitarra guitar
Gumersindo *personal name*
gustar please
gusto pleasure; **a —,** to one's heart's content

haber have (*aux. verb*); **hay (había, hubo, etc.)** there is (there was, etc.); **hay que** *plus inf.* one must, it is necessary; **¿ no había de recordarlo?** How could he help remembering it?
habitación room
habitante *m.* inhabitant
hábito habit, robes
habla speech
habladurías *f.pl.* gossip
hablar talk
hacer make, do, cause; **de no —lo** if he didn't do it; **— noche** spend the night; **— poner** cause to be placed; **—se** become; **se hizo silencio** silence fell
hacia towards, in the direction of

hacienda estate; **— familiar** family finances
halagador flattering
hallar find
hanega *for* **fanega** *unit of dry measure which can be roughly rendered* "bushel basket"
harapos *m.pl.* rags
hasta to; even; until
hecho made; *n.* fact, event
hechura pose, bluff
helada freeze
hembra female, woman
heredar inherit
heredero heir
herida wound
herir wound, hurt, offend
hermano *adj.* brotherly, sisterly, closely related
hermosura beauty
herrero blacksmith
hierba grass, herb; **mala —,** weed
hierro iron; triangle (*musical instrument*); pointed weapon
hígado liver
hijo, (–a) son, (daughter)
hilandera spinner
hilar spin (thread)
hilera row
himno hymn
hito landmark
hogar *m.* hearth, home
hoja leaf; one side of a double door
hola Hello there
hombre *m.* man
hombro shoulder
hondo deep; **cante —,** *special kind of popular song in Andalusia*
honrado honest
honroso honorable; **es —,** is an honor
hora hour
hornacina niche
horno oven
hortaliza vegetable
hostia Host
hoy today
hueco hollow
huella trace, mark
huerta region of irrigated fields
huerto garden, orchard
hueso bone

huésped *m. or f.* guest
huevo egg
huidizo shifty
huído fled
humano human
humedad humidity
humilde humble; familiar
hurto theft

ida: —s y venidas comings and goings
iglesia church
igual equal, the same; me es —, it's all the same to me
igualar equal, match
iluminado lighted up
ilusión illusion; hacerse la —, delude oneself
iluso visionary
ilustrísima most illustrious
imagen *f.* image
imberbe beardless
impasible expressionless
impedir prevent
imperio empire
importar matter
impresionar impress
inclinado bent, leaning (over)
inclinarse lean over, bow
incorporar incorporate
indicar point, indicate
índice *m.* index
indignado indignant
infantil childish
infierno hell
influir have an influence, be influential
ingenuamente naively
inquieto uneasy
insomnio sleeplessness
instalarse take a position
instruir instruct
interesarse become interested
interior inside
intrigar intrigue
inútil useless, vain
invierno winter
invitado guest; *p.p.* invited
ir go; —se go away; — a decir start to say; — y venir go back and forth; vamos come, now!; vaya come, now!

ironía irony
irreal unreal
irritado annoyed
izquierdo left (*hand*)

jamás never
jaral *m.* briar patch
jarro jar, pitcher, jug
jerarquía rank, hierarchy
jerga jargon
Jerónima *woman's name*
jota *kind of Aragonese dance*
joven young; young man
jovencito *dim. of* joven
Juan John
jubilarse retire
Judas Judas
judío Jew
juego game; gambling
jueves *m.* Thursday
juez *m.* judge; — de riegos water judge
jugar play; — con dos barajas play a double game, hunt with hounds and run with the hare
juicio judgment
julio July
juntar join; — tacones click heels
junto joined; *pl.* together
juramento oath
justicia law, justice
justo just
juventud *f.* youth
juzgar try (*in a court*)

labio lip; de —s afuera only in their speech
laboriosidad *f.* industry
labrado carved
labrador *m.* farmer, peasant, tiller of the soil
labranza agricultural labor; mayoral de —, field foreman
lacrimoso tearful
lado side
ladrar bark
lágrima tear
lamentarse lament
lamer lick
lamido glossy, well-groomed
lámpara lamp
lana wool

languidecer languish, die
largo long; **de** —, in length; **a lo** — (**de**) in the course (of), along
lástima pity
latín *m.* Latin
latinajo Latin phrase (*half contemptuous*)
lavadero washing place
lavandera washwoman
lealtad loyalty
lector *m.* reader
lectura reading
lechecita *dim. of* **leche** milk
lecho bed
lechuga lettuce
leer read
lejos far away, distant; **más** —, farther
lengua tongue
lento slow
leña firewood, wood
Lérida *westernmost province of Cataluña with capital city of the same name*
lesión lesion, wound
letanía litany
levantar raise, lift; —**se** get up
ley *f.* law
liberación liberation, relief
librar free, liberate, deliver
libre free; frank
libro book
liendre *f.* nit
lienzo sheet, canvas
ligero light
limitarse limit oneself; **se limitó a negar** he merely refused
limpiar clean, wipe; —**se las narices** blow one's nose
limpio clean
lindar (**con**) border (on)
listón *m.* strip
litúrgico liturgical
lo *a kind of neuter pronoun with vague antecedents;* — **de tu padre** your father's; — **hermoso** the beautiful; — **suyo** what belongs to him
loco mad, crazy
locuaz loquacious, talkative
locura madness

losa flagstone
lucero star, morning star, evening star
lucha struggle, fight
luego later; then
lugar *m.* place; **en** — **de** instead of
lujo luxury
luna moon
luz *f.* light

llamar call; knock; — **a capítulo** take to task; — **la atención** attract attention; —**se** be called, be named
llanto weeping
llave *f.* key
llegar arrive, come
llenar fill
lleno full, filled
llevar carry; wear; take; — **la cara descubierta** go with bared face
llorar weep
lloriquear whimper

madera wood
madero log, beam
madre *f.* mother
madrina godmother; matron of honor
maestría skill, mastery
mágico magic
majestad majesty
majestuoso majestic
mal *adj., adv. and noun* bad, badly; ill, illness; evil; sick, sickness; **menos** —, it could be worse
malcarado cross-looking
maldad evil
maldecir curse
maledicencia slander
malo bad, evil; **en mala hora** at a bad hour, at an unpropitious time
malquerencia ill will
malquistar alienate, sow discord
malva mauve
mancha spot, stain
manchado spotted, soiled
mandamiento commandment
mandar be in command, command, order

mandíbula jaw

manera way, manner, mannerism

Manila *capital of the Philippine Islands;* **mantones de —,** Spanish shawls

mano *f.* hand

manso tame, gentle; **agua mansa** still water

mantener keep; **— el tempero** keep the soil right

mantilla scarf; swaddling clothes

manto mantle, cloak

mantón *m.* shawl

mañana morning; **día de —,** tomorrow, the future; **por la —,** in the morning

mañanita nice morning

maquinaria machinery

marchar go; **—se** leave, go away

María Mary

marido husband

Marieta *dim. of* **María**

mártir *m.* martyr

martirio martyrdom

más more; other; **de poco — o menos** of little value; **— bien** rather; **sin — ni —,** without more ado

masculino masculine

matar kill

materia matter, material

matiz *f.* hue, shade, nuance

matraca wooden rattle

matraquita *dim. of* matraca

matriculado licensed

maula trick

mayor greater, greatest; older, oldest; **altar —,** main altar; **— parte** majority

mayoral *m.* foreman

mazo club

meado *p.p. of* mear urinate

mecedora rocking chair

médico physician, doctor

medida measure; **a — que** as

medio half, halfway; medium; environment; **en — de** in the midst of

mediodía south

medioeval medieval

medir measure

mejor better

mejora improvement

mejorar improve

melonar melon patch

meneo swaying

menor slighter; less

menos less; except; **al —,** at least; **de poco más o —,** of little value; **— mal** it could be worse; **no podían —,** they could do no less; **no puede — de** it cannot help

mensaje *m.* message

mentir lie

mentira lie; **parece —,** it is incredible

menudo: **a —,** often

merecer deserve, merit

merendar have a snack

mérito merit

mesa table

meseta plateau

meter put in, stick in; **—se** get involved, have anything to say about

metro meter

mezclar mix

miedo fear

mientras while

Miguel Michael

Miguelico *dim. of* **Miguel**

Millán *a surname*

ministro minister

miramiento respect

mirar look, look at

misa Mass; **— de réquiem** requiem Mass, Mass for the dead

misal *m.* missal

miserable wretched

miseria wretchedness, misery, poverty

mismo same; self; very; **aquí —,** right here

mitad middle, half

mitra miter

mocarra snotty-nose

mochilera camp follower

modo manner, way; **de — que so,** so that; **de tal —,** to such an extent

mojado wet

moler grind

molestar annoy

molestia bother, annoyance

molino mill

momento moment; **de un — a otro** at any moment

monaguillo acolyte, altar boy

moneda coin

monicaco puppet, monkey-face

monte *m.* woods, forest; mountain

morir die

mortal mortal; **lecho —**, death bed

mosca fly

moscatel *m.* muscatel

Mosén *title given to the priest in Aragón (cf. Monsignor)*

mostrar show; **—se** appear, act

motivo motive

mover move

movimiento movement, impulse

moza girl

mozalbete *m.* young fellow

mozo lad, youth

mozuela young girl, lass

muchacho boy

mucho much; **abrir —**, open wide; *pl.* many

mudo dumb, speechless

muela molar

muerte *f.* death

muerto dead, dead person

mujer *f.* woman, wife

mujeruca old woman *(term of disparagement)*

mula mule

mundo world; **todo el —**, everybody

municipio municipality, town

muñeco puppet

murmurar murmur, gossip

muro wall

música music

músico musician

muy very

nácar mother-of-pearl

nacer be born

nacido born

nacimiento birth

nada nothing

nadar swim

nadie nobody (anybody)

nariz *f.* nose, nostril

natal natal, pertaining to birth

natural natural; native

naturaleza nature

nave *f.* nave, aisle

negar deny, refuse; **—se** refuse

negativa refusal

negociar negotiate

negro black

nen *m. (Cat.)* boy

nena baby girl

nervio nerve; **tener más —**, be more outspoken

ni neither, nor; **— siquiera** not even

nieta granddaughter

nieve *f.* snow

nimio insignificant

ningún, ninguno not any, none

niño child, baby

nobleza nobility

nocturno nocturnal

noche *f.* night

nombrado named, by name

nombre *m.* name

noticia news, notice

novedad novelty

novia sweetheart; bride

novio sweetheart; bridegroom; *pl.* sweethearts; bride and groom

nube *f.* cloud

nuca nape *(of the neck)*

nudillo knuckle

nuevo new; other, another; **de —**, again, anew

número number

nunca never, ever

nupcial nuptial

obedecer obey; be the result (of)

obispo bishop

objeto object

obligar oblige

obra work

obstáculo obstacle; **esto no era —**, this did not prevent

obstinarse insist

obvio obvious

ocasión occasion, opportunity

oculto hidden

ocupar occupy

ocurrencia occurrence, event

ocurrido happened; **lo —**, what had happened

odiar hate

ofender offend
oficio trade; *pl.* offices, services
ofrecer offer
ofrecimiento offer
oído ear
oír hear; — decir hear
ojisucio person with eyes full of matter
ojo eye; ver con buenos —s look with favor
óleo oil
oler smell, smell of
olfato scent
oliva olive
olivo olive tree
olor *m.* odor, smell
olvidar forget
ombligo navel
ombliguito *dim. of* ombligo
ontina white sage
opuesto opposite
opulento abundant; pecho —, full-breasted
oración prayer
orden *m.* order (*arrangement*); *f.* order, command
ordenar order
oreja ear; tender la —, listen
orgullo pride
orgulloso proud
origen *m.* origin
oro gold; de —, in gold
oscurecer grow dark
oscuridad dark, darkness
oscuro dark; a oscuras in the dark
ostensible easily seen, evident
otro other; otra parte elsewhere, some other place; otra vez again
oxiqué: — me ca... *an obscene expression*

P. *abbreviation for* Padre (*priest*)
pa *for* para for
Paco *dim. of* Francisco Frank
padre *m.* father; *pl.* parents
padrino godfather; best man; *pl.* godparents; matron of honor and best man
pagar pay for, pay
página page
paisaje *m.* landscape
pájaro bird

palabra word, promise; dar —, promise; — de matrimonio promise of marriage
palidez *f.* pallor
pálido pale
paliza beating
palo stick, club
pan *m.* bread
pana corduroy
pandereta tambourine
pantalón *m.*, pantalones pants
pañal *m.* diaper
paño cloth; — de Verónica cloth with the image of Christ's face on it
pañuelo handkerchief
papel *m.* paper, document
paquete *m.* package
Paquito *dim. of* Paco
par *m.* pair
para for; to, in order to
parabien *m.* congratulations
parar stop, end up, come to rest
Pardina *a place so named because of the meadowlands* (prados)
parecer seem; — mentira to be incredible; al —, apparently; *n.m.* opinion; salvo mejor —, if there is no objection
parecido similar
pareja couple
parida having given birth to a child
pariente *m.* relative
parir give birth
parlamentar parley
párroco *adj.* parish; *n.* parish priest
parroquia parish, parish church
parte *f.* part, place; alguna —, somewhere; de — de on behalf of; dos terceras partes two thirds; en otra(s) parte(s) elsewhere; en todas partes everywhere; *m.* bulletin, notice
partera midwife
participar take part
partidario partisan
pasar pass, happen, go on, take place; be wrong; spend (of time); — a cuchillo put to the knife; — por alto skip

Pascua, Pascua florida Easter
paso step; scene *or* tableau (carried in a procession); **salir al —,** go meet
pasto pasture
pata leg, foot *(usually of animals)*
patetismo pathos
paz *f.* peace
pecado sin
pecho breast, chest
pedir ask for, request
pedrada shower of stones; **matar a —s** stone to death
pedrisco hailstorm
pegajoso sticky
pegar stick
peinar comb
peladilla sugar almond
pelear fight
peligro danger
pelo hair
peludo hairy
penca part of plant that is tough and inedible
pendiente *m.* earring
pendón *m.* stupid person
penitencia penance
penitente *m.* penitent
penoso painful
pensamiento thought; mind
pensar think, intend; **— en** think about; **— si** wonder whether
peor worse
pequeñísimo extremely small
pequeño small; **el más —,** the slightest
percibir perceive; receive
perder lose; **— tiempo** waste time
pérdida loss
perdigonada blast of birdshot
perdiz *m.* quail, partridge
Pérez *common surname corresponding to Peterson*
periódico newspaper
permiso permission; **con —,** excuse me, pardon me
permitir permit, allow
pero but
perplejo perplexed
perro dog
perseguir pursue, persecute
persistente persistent

persona person
personaje *m.* character
perspectiva perspective, prospect
pertenecer belong
pértiga stick, staff
pesadilla nightmare
pesar: a — de in spite of
peseta *unit of Spanish currency worth about $.016 in 1963 but worth considerably more in the period dealt with in this novel*
petaca cigarette case
pez *f.* cup grease, axle grease
picardía roguish phrase, knavery
pie *m.* foot; **estar de —,** stand
piedad pity; piety
piedra stone
piedrecita pebble
piel *f.* skin
pierna leg
pijaito *term used by lower class in Aragón to refer disparagingly to one of the upper class*
pila font
pimiento pepper; **pimientos en adobo** pickled peppers
pinchatripas *f.pl.* *(freely)* tightgut
pinta suit (cards)
pintar paint; **pintan bastos** *(freely)* clubs are being dealt, clubs are trumps
piojo louse
pisar walk, tread
pistola pistol
planear plan
plantao *for* **plantado** planted; **mejor —,** best equipped
plantero hotbed
plata silver
plática talk, chat
plaza square
plenitud *f.* fullness, plenitude
plomo lead; **andar con pies de —,** move slowly
pluma feather
pluvial pluvial; **capa —,** cope
población town
pobre poor, poor thing
pobreza poverty
poco little, a little; **de — más o menos** of little value; **— a —,** little by little, gradually

poder be able; **no — menos** to do no less; *n.m.* power

poesía poetry

po'l *dialect for* **por el** over towards

política politics

polvo powder, dust

polvoriento dusty

pollo chicken

poner place, put, put up; **— el pensamiento** put his mind (on); **—se** become; put on; **—se a** *plus inf.* start, begin; **—se a caballo** straddle

por for; by; over *etc.*: **¿ — qué?** why? **— tanto** consequently

porcelana porcelain

porque because

porra club

porrón *m.* glass wine pitcher with long spout

postizo false

postrer, postrero last, final

potable for drinking

potro colt

preámbulo preamble

precio price

preferir prefer

pregonar announce publicly

preguntar ask

prelado prelate

prensa press

preocupación concern

preocupado concerned

preparar prepare

presbiterio presbytery (*space in front of the altar*)

presentarse appear; **se ha presentado la ocasión** the opportunity has come

presente present; **hacerse —**, make one's presence known; **tener —**, remember, keep in mind.

presidencia head of the table, head table

presidiario convict

presumir presume, be presumptuous

primavera spring

primer, primero first

prisa haste; **de —**, in haste; **tener —**, be in a hurry

privar deprive

procacidad foul behavior

proceder proceed

profeso: ex —, for the express purpose

profundo deep, profound

prohibir forbid

prometer promise

pronto soon, too soon; **de —**, suddenly

propiciatorio propitiatory

propiedad property

propio proper, of one's own; **lo —**, the proper thing

proponer propose

proteger protect

proximidad nearness

próximo nearby, approaching

proyectar project

prudente prudent

pudiente powerful, wealthy

pueblo town, village; people

puerco filthy

puerta door

pues why; well; then

puesto *p.p. of* **poner** put; **los tenía bien —s** he was a real he-man; *n.* post, position

pulgar *m.* thumb

púlpito pulpit

punta tip

puñado handful

que what, that, which, etc., for

qué what; **a mí —**, what's that to me?

quedar remain; **—le a uno** to have left; **—se** become; stay, remain, be left; **—se atrás** be outdone

quejarse complain

quemar burn

querer want, wish; like, love; try; *in the negative preterite it often has the force of* refuse; **cada broma quiere su tiempo** every joke has its proper time and place; **— decir** to mean

quicio doorjamb

quidproquo substitution (*especially erroneous one*)

quien who, the one who

quieto still

quince fifteen; — **días** fortnight
quintas *f.pl.* draft (*military*)
quitar take away; —**se** take off
quizá perhaps

rabanito *dim. of* **rábano** radish
rabiosamente madly
radio radius; radio
rajado cracked, split
rameado: — **y floreado** with a design of branches and flowers
ramita twig
ramo branch; **Domingo de Ramos** Palm Sunday
raro strange, rare
rasgado rent, torn
rasgo trait
raso satin
raspar scratch; have a sting, have a kick
rastro trail
rasurado shaved, shaven
rato short while
ratón *m.* mouse
raya boundary
razón *f.* reason; **dar la** — a side with, bear out; **nadie sabía darle** —, nobody could tell her
reacción reaction, reply
realista *m. or f.* realistic
rebaño herd
reblandecido softening
rebotar rebound, bounce
receloso fearful
recibir receive
recién recently; — **nacido** newborn
recobrado recovered
recoger gather, get, collect
reconocer examine; recognize
reconquista reconquest
recordar recall, remember
recuerdo memory
recuperar recuperate, recover
recurrir have recourse
redondeado rounded out
redondo round
referente referring, having to do (with)
referirse refer
reflejo reflection
refrán *m.* proverb
refrendado authenticated

regado irrigated, watered, sprinkled
regalado given (*as a gift*)
regalo gift, present
registrar search
regresar return
regular fair-sized; fairly loud; regular
rehusar refuse
reír laugh
relación relation, relationship; **había entre ellos una** — **de sobrentendidos** they understood each other without the need for words
relinchar neigh
relincho neigh
reliquia relic
reloj *m.* watch, clock
relucir shine
relumbrar shine, glisten
relleno stuffed
remangar roll up (*sleeves, pants, skirts, etc.*)
remate *m.* extremity, end, bottom
remediar remedy
remover stir up
rendir give up
renta rental fees; income
reñir quarrel, fight; scold
reo culprit
reparación repair
repartir distribute, deal (cards)
repetir repeat
reprender scold, reprehend
réquiem (*Lat.*) rest, repose; **misa de** —, Mass for the dead
requinto small guitar
resbalar slide, slip (out)
reserva reserve
reservado reserved
reservarse save room
resistencia resistance, reluctance
resolver solve
resonancia resonance, overtone
resonar echo
respeto respect
respetuoso respectful
respirar breathe
responder reply, give the response
respuesta reply
resquebrajado cracked open

resto rest
resucitar rise from the dead
resultado result
resultar turn out to be
resumen *m.* summary
resurrexit (*Lat.*) he arose from the dead
retirarse withdraw
retribuído: mejor —, better paying, more remunerative
reumático rheumatic
reunión meeting
revelar reveal
reventar burst
revestido robed, dressed, clothed
revolotear flutter
revoltoso mischievous, rebellious
revólver *m.* revolver
rey *m.* king
rezar pray
rezo prayer
riia *cry to urge on horses or mules*
rico rich, luxurious
riego irrigation
rifle *m.* rifle
rincón *m.* corner
riñón *m.* kidney
río river
risa laughter
rival *m.* rival
rizado curled; **velas rizadas** *candles adorned by being crimped and thus giving the effect of being "curled"*
rizo curl
robar steal
roca rock
rociada spray; **— de ametralladora** pass of the machine gun
rodar turn; roll
rodilla knee
rojo red
romance *m.* ballad
rombo rhomboid
romboidal rhomboidal
romería pilgrimage
romero pilgrim; rosemary
romper break; **— a** *plus inf.* start suddenly
ronca: echar —s utter threats, shout
ronco hoarse

ronda round, excursion
rondalla group, band, gang
rondar frequent, go around (*often in a group*)
rondón: entrar de —, enter boldly and unannounced
ronquido raucous sound, snort
ropa clothing; **—s talares** clothing which reaches the heels
roquete *m.* *kind of surplice*
rosa rose
rosada frost
rostro face
roto broken
rozar brush against
rudo rough
rueda *3rd. sing. of* **rodar**
ruido noise, sound
ruidoso noisy
rumor *m.* sound, rumor
runrún *m.* rumor
Rusia Russia

sábado Saturday; **Sábado de Gloria** Holy Saturday
sábana sheet
saber know, find out; tell; **al —,** on learning
sabio learned, wise
sabor *m.* savor, taste
sacar draw, pull out, take out, stick out, get, make, compose; **¿Qué sacas con...?** What good does it do you?
sacerdote *m.* priest
sacristán *m.* sexton
sacristía sacristy
sagrario ciborium, *chapel where the Blessed Sacrament is kept*
sal *f.* salt
sala parlor
salaz salacious
salida exit; sally, outcome
salir go out, come out, leave, issue, escape; **— al paso** go out to meet, hold in check; **con lo que te sale** what you get for your pains
salón *m.* parlor, drawing-room; **— de sesiones** council chamber
saltamontes *m.* grasshopper
salud *f.* health

saludadora quack
saludar salute, greet
saludo salute, greeting
salvación: no tenemos —, there is no hope for us
salvaje savage, wild
salvar save
salvedad condition
salvo except; **— mejor parecer** if there is no objection
san, santo saint; *adj.* saintly, holy
San Juan St. John
San Martín St. Martin; **llegar su — one's** time is up (*St. Martin's Day is the traditional time in Spain to slaughter the hogs*)
San Miguel St. Michael
San Sebastián St. Sebastian (*who suffered martyrdom pierced with arrows*)
sangrar bleed
sangre *f.* blood
sangriento bloody
sano well, healthy
Santa Ana St. Anne
santanderino inhabitant of, or pertaining to, Santander
Santísimo Most Holy One; Blessed Sacrament
santolio holy oil
saña wrath, anger
saso (*Arag.*) flat land on a hillside, light earth
sastre *m.* tailor
satisfecho satisfied
Saulo Saul
saya skirt
seboso fat, greasy
seco dry
secuencia continuation, sequence
seda silk
segar reap
seguir follow, continue; keep on, remain
según according to
segundo second
seguro sure, certain
semana week
sembrar plant, sow
semillero seedbed
sencillez *f.* simplicity
seno bosom, breast

sensibilidad sensitivity
sentado seated, sitting
sentarse sit, sit down
sentenciado sentenced
sentido feeling, sense; **no tiene —,** it doesn't make sense
sentimiento feeling, sentiment
sentir feel; smell; be sorry, regret; **—se** take offense; feel bad
señal *f.* sign
señalado indicated, set forth; outstanding
señor *m.* gentleman, lord, Mr.
señora lady, madam, Mrs.
señorío seigniory, lordship
señorito young man of the upper class
separarse leave, separate
ser be; **qué había sido de** what had become of
serenata serenade
seriedad seriousness
serio serious; **en —,** seriously
servicio service
servir serve, be of use; **—se** help oneself
sesión: salón de —es council chamber
sexto sixth
si if, whether
sí yes
siempre always
siglo century
siguiente following; **al día —,** the next day
silencioso silent
silueta silhouette
silla chair
sillón *m.* armchair
simular pretend
sin without
sino but
siquiera even; **ni —,** not even
sisa armhole
sitio place, site; **no era su —,** it was no place for him
situar arrange; take a place
sobrado *p.p. of* sobrar be left over
sobre on; above, over; about, concerning; **—todo** especially
sobrenatural supernatural
sobrentendido: había entre ellos

una relación de sobrentendidos they understood each other without the need for words
sobriedad sobriety, moderation
sol *m.* sun; de — a —, from sunup to sundown
solemne solemn, serious
soler be accustomed
solidez *f.* solidity
solimán *m.* corrosive sublimate
solo alone
sólo only
soltar loosen; — la carcajada burst into laughter
soltero, -a unmarried; *m.* bachelor; *f.* spinster
sombra shadow
sombrero hat
sombrío somber, gloomy
somnolento sleepy
sonado talked about
sonar sound, make a sound; jingle, ring; —se blow one's nose
sonreír smile
soñar (con) dream (about)
soplo puff; ir con el —, "squeal" (on someone)
sorna roguishness
sorprendido surprised
sorpresa surprise
sorteo drawing
sotana cassock
subir go up; take up
suceder take place, happen, follow
sucedido: lo —, what had happened
suciedad filth
sucio dirty
sudar sweat
suegra mother-in-law
suelo ground, floor
suelto loose
sufragio benefit
sufriente suffering, agonized
sugerir suggest
sujetar hold down, hold, subject
suma sum, amount
suplente *m.* substitute
suponer suppose; como era de —, as one might suppose; quién iba a —lo who would have thought it

suprimir suppress, do away with
surtido supplied, assorted
suspirar sigh
suspiro sigh
susurrar whisper, murmur
suyo his, theirs, *etc.;* los —s his gang, his group, his people, *etc.*

tabla board
tahona bakery
tal such; — vez perhaps
talares: ropas —, robes which reach the heels
tambalearse totter, stagger
también also
tampoco not either, neither
tan so
tanto as much, so much; por —, consequently
tapar cover up
tapia garden wall
tardar delay, be long, be late
tarde late, too late; de — en —, occasionally; *n.* afternoon; a media —, in the middle of the afternoon
tarea chore, task
tarima platform
techo ceiling, roof
tejado roof
tema *m.* subject
temblar tremble
temblor *m.* trembling, tremor
temeroso uneasy, timorous
temible fearful
temor *m.* fear
tempero: mantener el —, keep the soil right
templar tune; — a lo antiguo play an old tune
templo temple, church
temporal temporal, earthly
temprano early
tender stretch; — la oreja listen
tener have, keep; — cuidado be careful; — presente remember, keep in mind; — que *plus. inf.* to have to
tercer, tercero third
terciopelo velvet
término term
terreno land, area

tesoro treasure
tía aunt; old woman
tibia tibia; **tibias cruzadas** cross-bones
tibio lukewarm
tiempo weather
tierno tender
tierra land, earth
tijerita *dim. of* **tijera** scissors
tinieblas *f.pl.* shadows, darkness
tinta ink; **saber de buena —,** know on good authority
tío uncle; old man
tipo type
tira strip
tiro shot; **a —s** with gunfire
tobillo ankle
tocar play; touch; ring
todavía still; yet
todo all, whole; every; **en — caso** in any case; **sobre —,** especially
tolerar tolerate
tomar take
tono level, kind; pitch, tone
tontería foolishness, nonsense
tordilla dapple gray
torre *f.* tower
torrente *m.* torrent
tortilla omelet
trabajar work
trabajo work, trouble
traer bring
traición treason, treachery, betrayal
traje *m.* suit
trampa trap, trick; **se lo lleva la —,** he is losing everything
tranquilo calm
tras after
trasero seat; bottom
trasgo ghost, apparition
trastos *m.pl.* cast-off articles
tratar treat, deal, make a deal; **— de** *plus inf.* try; **— de usted** address as « usted »; **—se de** concern, treat of, deal with
través through; **a — del tiempo** in the course of time, through the years
trecho distance, stretch of road
tribunal *m.* court
tricolor three-colored

trigo wheat
trilla threshing (*of grain*)
trípode *m.* tripod
triscar play, gambol
triste sad
tristeza sadness
triunfo triumph; trump
trocito *dim. of* **trozo** piece
tropel *m.*: **en —,** pell-mell
trotona gadabout
trozo piece, snatch
trucha trout
tumba tomb
túmulo mound
turbación confusion
turbiedad confusion
tutear address as « tú »

último last, latter
unción (extreme) unction, anointment
único only, unique; **lo —,** the only thing
unirse (con) join
usanza custom
usar use

vaca cow
vacilar hesitate
vacío empty
vagar wander
valentía courage
valer be worth (anything), avail; **mas valdría** it would be better
Valeriano *man's name*
vano vain
vara rod; **— de medir** yardstick
varios several, various
vasco Basque
vasija vessel
vaso glass
vastedad vastness
vecindario neighborhood
vecino neighboring, neighbor
veintiséis twenty-six
vejatorio insulting
vejez *f.* old age
vela candle
velo veil
vencido overcome; **darse por —,** acknowledge defeat
vendaje *m.* bandage

venida coming
venir come; ir y —, come and go, go back and forth; — al caso suit the occasion
ventana window
ventear sniff, smell, get the scent
ver see; — con buenos ojos look on with favor; tener que — con to have to do with
verano summer
veras: de —, truly; entre bromas y —, half jesting and half in earnest
verdad truth
verdadero real, true, regular
verde green; sensual
verdugo executioner
verga police club
vergüenza shame, shameful thing
verja grating
Verónica: paños de —, cloths with the image of Christ's face on them
verruga mole (*on the body*)
vestidos *m.pl.* clothes
vestir, -se dress
vez *f.* time; a su —, in turn; de — en cuando from time to time; otra —, again; tal —, perhaps; a veces at times
viaje *m.* journey
viajero traveler, passenger
vicio vice
vida life
viejecilla *dim. of* vieja old woman
viejo old, old man
viento wind; tomar el —, get the scent
viernes *m.* Friday
vigilancia watch
vigilar watch, keep watch
vinagre *m.* vinegar
vinagrillo weak vinegar
vinajera cruet

vino wine
viña vineyard
virtuoso virtuous
víspera evening before, day before
vista sight, eyes; con la — en el suelo with his eyes on the floor; en — de esto in view of this
visto seen
vítores *m.pl.* hurrahs
vitrina glass cabinet
viuda widow
vivir live
vivo lively
vocerío shouting
volado blown open; balcones —s overhanging balconies
volar fly
voltear swing
volteo swinging
volumen *m.* size
voluntad will; por — propia of his own volition
volver return; — a plus inf. *indicates a repetition of the verb in the infinitive form*
votado voted
voz *f.* voice; word; en — alta aloud; dar voces shout
vuecencia your Excellency
vuelta: dar —, turn

ya already; now; — no no longer; — que since
yegua mare
yunque *m.* anvil

zagal *m.* boy, lad
zalema: sin zalemas without fawning gestures
zancajo big foot
zapatero shoemaker, cobbler
zapato shoe
zarza bramble
zurrapa dregs